Det Kinesiske Køkken

Smagsfulde Oplevelser og Autentiske Opskrifter fra Det Fjerne Østen

Li Mei

Indholdsfortegnelse

Kylling i tomatsauce 11
Kylling med tomater 12
Pocheret kylling med tomater 13
Kylling og tomater med sort bønnesauce 14
Hurtig kogt kylling med grøntsager 15
kylling med nødder 16
Kylling med valnødder 17
Kylling med vandkastanjer 18
Saltet kylling med vandkastanjer 19
kylling wontons 21
sprøde kyllingevinger 22
Fem krydderi kyllingevinger 23
Marinerede kyllingevinger 24
Kongelige kyllingevinger 26
Krydrede kyllingevinger 28
Grillede kyllingelår 29
Hoisin kyllingelår 30
braiseret kylling 31
sprødstegt kylling 32
Hel stegt kylling 34
fem krydderier kylling 35
Kylling med ingefær og purløg 37
pocheret kylling 38
Rød kogt kylling 39
Kylling med krydderier kogt i rødt 40
Grillet sesamkylling 41
Kylling i sojasovs 42
dampet kylling 43
Dampet kylling med anis 44
underligt smagende kylling 45
sprøde kyllingestykker 46
Kylling med grønne bønner 47

Kylling tilberedt med ananas 48
Kylling med peberfrugt og tomater 49
sesam kylling 50
stegte poussiner 51
Tyrkiet med Mangetout 52
Kalkun med peber 54
kinesisk stegt kalkun 56
Kalkun med valnødder og svampe 57
and med bambusskud 58
And med bønnespirer 59
stuvet and 60
Dampet and med selleri 61
and med ingefær 62
And med grønne bønner 64
stegt dampet and 66
And med eksotiske frugter 67
Braiseret and med kinesiske blade 69
beruset and 70
fem krydderier and 71
Stegt and med ingefær 72
And med skinke og porrer 73
andesteg med honning 74
våd andesteg 75
Sauteret and med svampe 76
and med to svampe 78
Braiseret and med løg 79
And med appelsin 81
andesteg med appelsin 82
And med pærer og kastanjer 83
peking and 84
Stuvet and med ananas 87
Sauteret and med ananas 88
Ananas ingefærand 90
And med ananas og litchi 91
And med svinekød og kastanjer 92
And med kartofler 93

Rød kogt and 95
Risvinsstegt and 96
Dampet and med risvin 97
salt and.. 98
Saltet and med grønne bønner 99
langsomt kogt and 101
Sauteret and 103
and med søde kartofler 104
sød og sur and 106
mandarin and 108
And med grøntsager 108
Sauteret and med grøntsager 110
Hvid kogt and 112
and med vin 113
Dampede æg med fisk 114
Dampede æg med skinke og fisk 115
Dampede æg med svinekød 116
stegte flæskeæg 117
Spejlæg med sojasovs 118
halvmåneæg 119
Stegte æg med grøntsager 120
kinesisk omelet 121
Kinesisk omelet med bønnespirer 122
Blomkål omelet 123
Krabbeomelet med brun sauce 124
Skinke- og vandkastanjeomelet 125
Omelet med hummer 126
østersomelet 127
Rejeomelet 128
Omelet med kammuslinger 129
Omelet med tofu 130
Fyldt svinetortilla 131
Omelet fyldt med rejer 132
Dampede tortillaruller med kyllingefyld 133
østers pandekager 134
rejepandekager 135

Kinesisk røræg ... 136
Røræg med fisk ... 137
Røræg med svampe ... 138
Røræg med østerssauce ... 139
Røræg med svinekød ... 140
Røræg med svinekød og rejer ... 141
Røræg med spinat ... 142
Røræg med purløg ... 143
Røræg med tomat ... 144
Røræg med grøntsager ... 145
kylling soufflé ... 146
krabbesoufflé ... 147
Krabbe og ingefær soufflé ... 148
fiskesoufflé ... 149
reje soufflé ... 150
Rejesoufflé med bønnespirer ... 151
grøntsags soufflé ... 152
Æg Foo Yung ... 153
Stegte æg Foo Yung ... 154
Foo Yung krabbe med svampe ... 155
Skinkeæg Foo Yung ... 156
Flæskesteg Foo Yung ... 157
Svineæg og rejer Foo Yung ... 158
hvide ris ... 159
Kogte brune ris ... 159
ris med oksekød ... 160
Ris med kyllingelever ... 161
Ris med kylling og svampe ... 162
Kokos ris ... 163
Ris med krabbekød ... 164
Ris med ærter ... 165
Ris med peber ... 166
Ris med pocheret æg ... 167
Singapore stil ris ... 168
Slow Boat Rice ... 169
Dampede bagte ris ... 170

Stegte ris 171
Stegte ris med mandler 172
Stegte ris med bacon og æg 173
Stegte ris med kød 174
Stegte ris med hakket kød 175
Stegte ris med kød og løg 176
kylling stegte ris 177
Andestegte ris 178
skinkestegte ris 179
Ris med røget skinke med bouillon 180
svin stegt ris 181
Svinekød og rejer stegt ris 182
stegte ris med rejer 183
Stegte ris og ærter 184
Stegte ris med laks 185
Speciel stegt ris 186
Ti dyrebare ris 187
Ris med stegt tun 188
kogte æg nudler 189
dampede ægnudler 190
Ristede nudler 190
Stegte nudler 191
Stegte bløde nudler 192
stuvede nudler 193
kolde nudler 194
nudelkurve 195
nudel pandekage 195
Braiserede nudler 196
Nudler med kød 198
nudler med kylling 199
Nudler med krabbekød 200
Nudler i karrysauce 201
Dan-Dan nudler 202
Nudler med æggesauce 203
Ingefær og purløg nudler 204
Krydrede og sure nudler 205

Nudler i kødsauce 206
Nudler med pocherede æg 208
Nudler med svinekød og grøntsager 209
Gennemsigtige nudler med hakket svinekød 210
æggerulleskind 211
Kogt ægrulleskind 212
kinesiske pandekager 213
wonton skind 214
Asparges med muslinger 215
Asparges med æggesauce 216

Kylling i tomatsauce

til 4 personer

30 ml / 2 spsk jordnøddeolie

5 ml / 1 tsk salt

2 knuste fed hvidløg

450 g / 1 pund kylling, i tern

300 ml / ½ pt / 1¼ kopper hønsebouillon

120 ml / 4 fl oz / ½ kop tomatsauce (ketchup)

15 ml / 1 spsk majsmel (majsstivelse)

4 forårsløg (spidskål), skåret i skiver

Varm olien op med salt og hvidløg, indtil hvidløget er let gyldent. Tilsæt kyllingen og steg til den er let gylden. Tilsæt det meste af bouillonen, bring det i kog, læg låg på og lad det simre i cirka 15 minutter, indtil kyllingen er mør. Rør den resterende bouillon i med tomatsauce og majsmel og vend den i gryden. Kog over lav varme under omrøring, indtil saucen tykner og klarner. Hvis saucen er meget tynd, så lad den simre lidt, indtil den reducerer. Tilsæt purløg og lad det simre i 2 minutter inden servering.

Kylling med tomater

til 4 personer

225 g / 8 oz kylling i tern
15 ml / 1 spsk majsmel (majsstivelse)
15 ml / 1 spsk sojasovs
15 ml / 1 spsk risvin eller tør sherry
45 ml / 3 spsk jordnøddeolie (peanuts)
1 løg skåret i tern
60 ml / 4 spsk hønsebouillon
5 ml / 1 tsk salt
5 ml / 1 tsk sukker
2 tomater, uden skind og i tern

Bland kyllingen med majsstivelse, sojasovs og vin eller sherry og lad den hvile i 30 minutter. Varm olien op og steg kyllingen til den er lys i farven. Tilsæt løget og steg indtil det er blødt. Tilsæt bouillon, salt og sukker, bring det i kog, og rør forsigtigt ved svag varme, indtil kyllingen er kogt. Tilsæt tomaterne og rør til de er gennemvarme.

Pocheret kylling med tomater

til 4 personer

4 portioner kylling
4 tomater, uden skind og i kvarte
15 ml / 1 spsk risvin eller tør sherry
15 ml / 1 spsk jordnøddeolie
salt

Læg kyllingen i en stegepande og dæk med koldt vand. Bring i kog, læg låg på og kog ved svag varme i 20 minutter. Tilsæt tomater, vin eller sherry, olie og salt, læg låg på og lad det simre i yderligere 10 minutter, indtil kyllingen er kogt. Anret kyllingen på en opvarmet tallerken og skær den i stykker til servering. Opvarm saucen igen og hæld over kyllingen til servering.

Kylling og tomater med sort bønnesauce

til 4 personer

45 ml / 3 spsk jordnøddeolie (peanuts)

1 knust fed hvidløg

45 ml / 3 spsk sort bønnesauce

225 g / 8 oz kylling i tern

15 ml / 1 spsk risvin eller tør sherry

5 ml / 1 tsk sukker

15 ml / 1 spsk sojasovs

90 ml / 6 spsk hønsebouillon

3 tomater, flået og delt i kvarte

10 ml / 2 tsk majsmel (majsstivelse)

45 ml / 3 spsk vand

Varm olien op og steg hvidløget i 30 sekunder. Tilsæt den sorte bønnesauce og steg i 30 sekunder, tilsæt derefter kyllingen og rør, indtil den er godt dækket af olie. Tilsæt vin eller sherry, sukker, sojasovs og bouillon, bring det i kog, læg låg på og lad det simre i cirka 5 minutter, indtil kyllingen er kogt. Bland majsmel og vand til en pasta, rør i gryden og lad det simre under omrøring, indtil saucen tynder og tykner.

Hurtig kogt kylling med grøntsager

til 4 personer

1 æggehvide

50 g / 2 oz majsmel (majsstivelse)

8 oz / 225 g kyllingebryst, skåret i strimler

75 ml / 5 spsk jordnøddeolie (peanuts)

200 g / 7 oz bambusskud, skåret i strimler

50 g / 2 oz bønnespirer

1 grøn peberfrugt skåret i strimler

3 forårsløg (spidskål), skåret i skiver

1 skive ingefærrod, hakket

1 hakket fed hvidløg

15 ml / 1 spsk risvin eller tør sherry

Pisk æggehvide og majsstivelse sammen og dyp kyllingestrimlerne i blandingen. Varm olien op til moderat varm og steg kyllingen i et par minutter, indtil den er gennemstegt. Tag af panden og dræn godt af. Tilsæt bambusskud, bønnespirer, peberfrugt, løg, ingefær og hvidløg på panden og sauter i 3 minutter. Tilsæt vin eller sherry og kom kyllingen tilbage i gryden. Rør godt rundt og varm op inden servering.

kylling med nødder

til 4 personer

45 ml / 3 spsk jordnøddeolie (peanuts)

2 spidskål (spidskål), hakket

1 skive ingefærrod, hakket

1 pund / 450 g kyllingebryst, skåret meget tynde

50 g / 2 oz skinke, smuldret

30 ml / 2 spsk sojasovs

30 ml / 2 spsk risvin eller tør sherry

5 ml / 1 tsk sukker

5 ml / 1 tsk salt

100 g / 4 oz / 1 kop valnødder, hakket

Varm olien op og steg løg og ingefær i 1 minut. Tilsæt kylling og skinke og steg i 5 minutter, indtil de er næsten gennemstegte. Tilsæt sojasovsen, vin eller sherry, sukker og salt og steg i 3 minutter. Tilsæt nødderne og steg i 1 minut, indtil ingredienserne er godt blandet.

Kylling med valnødder

til 4 personer

100 g / 4 oz / 1 kop afskallede valnødder, skåret i halve

fritureolie

45 ml / 3 spsk jordnøddeolie (peanuts)

2 skiver ingefærrod, hakket

225 g / 8 oz kylling i tern

100 g / 4 oz bambusskud, skåret i skiver

75 ml / 5 spsk hønsebouillon

Forbered nødderne, varm olien op og steg nødderne til de er gyldenbrune og dryp dem godt af. Varm jordnøddeolien op og steg ingefæren i 30 sekunder. Tilsæt kyllingen og steg til den er let gylden. Tilsæt de resterende ingredienser, bring det i kog, og lad det simre under omrøring, indtil kyllingen er kogt.

Kylling med vandkastanjer

til 4 personer

45 ml / 3 spsk jordnøddeolie (peanuts)
2 knuste fed hvidløg
2 spidskål (spidskål), hakket
1 skive ingefærrod, hakket
225 g / 8 oz kyllingebryst, skåret i skiver
100 g / 4 oz vandkastanjer, skåret i skiver
45 ml / 3 spsk sojasovs
15 ml / 1 spsk risvin eller tør sherry
5 ml / 1 tsk majsmel (majsstivelse)

Varm olien op og steg hvidløg, forårsløg og ingefær let gyldne. Tilsæt kyllingen og steg i 5 minutter. Tilsæt vandkastanjerne og steg i 3 minutter. Tilsæt sojasovs, vin eller sherry og majsmel og sauter i cirka 5 minutter, indtil kyllingen er gennemstegt.

Saltet kylling med vandkastanjer

til 4 personer

30 ml / 2 spsk jordnøddeolie

4 stykker kylling

3 spidskål (spidskål), hakket

2 knuste fed hvidløg

1 skive ingefærrod, hakket

250 ml / 8 fl oz / 1 kop sojasovs

30 ml / 2 spsk risvin eller tør sherry

30 ml / 2 spsk brun farin

5 ml / 1 tsk salt

375 ml / 13 fl oz / 1¼ kopper vand

225 g / 8 oz vandkastanjer, skåret i skiver

15 ml / 1 spsk majsmel (majsstivelse)

Varm olien op og steg kyllingestykkerne til de er gyldne. Tilsæt purløg, hvidløg og ingefær og steg i 2 minutter. Tilsæt sojasovs, vin eller sherry, sukker og salt og rør godt. Tilsæt vandet og bring det i kog, læg låg på og lad det simre i 20 minutter. Tilsæt vandkastanjerne, læg låg på og kog i yderligere 20 minutter. Bland majsmelen med lidt vand, rør det i saucen og lad det simre under omrøring, indtil saucen tynder og tykner.

kylling wontons

til 4 personer

4 tørrede kinesiske svampe
450 g / 1 lb kyllingebryst, strimlet
8 oz / 225 g blandet grønt, hakket
1 forårsløg (spidskål), hakket
15 ml / 1 spsk sojasovs
2,5 ml / ½ tsk salt
40 wonton skind
1 sammenpisket æg

Udblød svampene i lunkent vand i 30 minutter, og dræn derefter. Kassér stilkene og hak toppen. Bland med kylling, grøntsager, sojasovs og salt.

For at folde wontons skal du holde huden i din venstre håndflade og placere en smule fyld i midten. Fugt kanterne med æg og fold skindet til en trekant, forsegl kanterne. Fugt hjørnerne med æg og vrid.

Bring en gryde med vand i kog. Tilsæt wontons og lad det simre i cirka 10 minutter, indtil de flyder til toppen.

sprøde kyllingevinger

til 4 personer

900 g / 2 lb kyllingevinger

60 ml / 4 spsk risvin eller tør sherry

60 ml / 4 spsk sojasovs

50 g / 2 oz / ½ kop majsmel (majsstivelse)

jordnøddeolie til stegning

Læg kyllingevingerne i en skål. Bland de resterende ingredienser og hæld over kyllingevingerne, vend godt rundt for at dække med sauce. Dæk til og lad stå i 30 minutter. Varm olien op og steg kyllingen et par ad gangen, til den er gennemstegt og mørkebrun. Afdryp godt på køkkenpapir og hold varmt, mens den resterende kylling steges.

Fem krydderi kyllingevinger

til 4 personer

30 ml / 2 spsk jordnøddeolie

2 knuste fed hvidløg

450 g / 1 pund kyllingevinger

250 ml / 8 fl oz / 1 kop kyllingebouillon

30 ml / 2 spsk sojasovs

5 ml / 1 tsk sukker

5 ml / 1 tsk five spice pulver

Varm olie og hvidløg op, indtil hvidløget er let gyldent. Tilsæt kyllingen og steg til den er let gylden. Tilsæt de resterende ingredienser, rør godt rundt og bring det i kog. Læg låg på og lad det simre i cirka 15 minutter, indtil kyllingen er gennemstegt. Tag låget af, og fortsæt med at koge ved svag varme under omrøring af og til, indtil det meste af væsken er fordampet. Serveres varm eller kold.

Marinerede kyllingevinger

til 4 personer

45 ml / 3 spsk sojasovs

45 ml / 3 spsk risvin eller tør sherry

30 ml / 2 spsk brun farin

5 ml / 1 tsk revet ingefærrod

2 knuste fed hvidløg

6 forårsløg (spidskål), skåret i skiver

450 g / 1 pund kyllingevinger

30 ml / 2 spsk jordnøddeolie

225 g / 8 oz bambusskud, skåret i skiver

20 ml / 4 teskefulde majsmel (majsstivelse)

175 ml / 6 fl oz / ¾ kop kyllingebouillon

Bland sojasovs, vin eller sherry, sukker, ingefær, hvidløg og purløg. Tilsæt kyllingevinger og vend rundt, så de er dækket helt. Dæk til og lad sidde i 1 time under omrøring af og til. Varm olien op og steg bambusskuddene i 2 minutter. Tag dem op af gryden. Dræn kyllingen og løget, behold marinaden. Varm olien op og steg kyllingen, indtil den er brunet på alle sider. Dæk til og kog i yderligere 20 minutter, indtil kyllingen er mør. Blend majsstivelsen med bouillonen og den reserverede marinade. Hæld over kyllingen og bring det i kog under omrøring, indtil saucen tykner. Tilsæt bambusskuddene og lad det simre under omrøring i yderligere 2 minutter.

Kongelige kyllingevinger

til 4 personer

12 kyllingevinger
250 ml / 8 fl oz / 1 kop jordnøddeolie (peanuts)
15 ml / 1 spsk granuleret sukker
2 forårsløg (spidskål), skåret i stykker
5 skiver ingefærrod
5 ml / 1 tsk salt
45 ml / 3 spsk sojasovs
250 ml / 8 fl oz / 1 kop risvin eller tør sherry
250 ml / 8 fl oz / 1 kop kyllingebouillon
10 skiver bambusskud
15 ml / 1 spsk majsmel (majsstivelse)
15 ml / 1 spsk vand
2,5 ml / ½ tsk sesamolie

Blancher kyllingevingerne i kogende vand i 5 minutter, og dræn derefter godt af. Varm olien op, tilsæt sukkeret og rør, indtil det er smeltet og brunet. Tilsæt kylling, spidskål, ingefær, salt, sojasovs, vin og bouillon, bring det i kog og lad det simre i 20 minutter. Tilsæt bambusskuddene og lad det simre i 2 minutter eller indtil væsken er næsten helt fordampet.

Blend majsmelen med vandet, rør det i gryden og rør til det er tyknet. Overfør kyllingevingerne til en varm serveringsplade og server drysset med sesamolie.

Krydrede kyllingevinger

til 4 personer

30 ml / 2 spsk jordnøddeolie

5 ml / 1 tsk salt

2 knuste fed hvidløg

900 g / 2 lb kyllingevinger

30 ml / 2 spsk risvin eller tør sherry

30 ml / 2 spsk sojasovs

30 ml / 2 spsk tomatpuré (pasta)

15 ml / 1 spsk Worcestershire sauce

Varm olie, salt og hvidløg op og steg indtil hvidløget bliver let gyldent. Tilsæt kyllingevingerne og steg under jævnlig omrøring i cirka 10 minutter, indtil de er gyldenbrune og næsten gennemstegte. Tilsæt de resterende ingredienser og svits i cirka 5 minutter, indtil kyllingen er sprød og gennemstegt.

Grillede kyllingelår

til 4 personer

16 kyllingelår

30 ml / 2 spsk risvin eller tør sherry

30 ml / 2 spsk vineddike

30 ml / 2 spsk olivenolie

salt og friskkværnet peber

120 ml / 4 fl oz / ½ kop appelsinjuice

30 ml / 2 spsk sojasovs

30 ml / 2 spsk honning

15 ml / 1 spsk citronsaft

2 skiver ingefærrod, hakket

120 ml / 4 fl oz / ½ kop chilisauce

Bland alle ingredienserne undtagen chilisaucen, læg låg på og lad det marinere i køleskabet natten over. Tag kyllingen ud af marinaden og steg på grillen eller grillen (steg) i cirka 25 minutter, vend og drys med chilisaucen, mens den koges.

Hoisin kyllingelår

til 4 personer

8 kyllingelår

600 ml / 1 pt / 2½ kopper hønsebouillon

salt og friskkværnet peber

250 ml / 8 fl oz / 1 kop hoisinsauce

30 ml / 2 spsk almindeligt mel (alle formål)

2 sammenpisket æg

100 g / 4 oz / 1 kop brødkrummer

fritureolie

Læg trommestikkerne og bouillonen i en stegepande, bring det i kog, læg låg på og lad det simre i 20 minutter, indtil det er kogt. Tag kyllingen af panden og dup den tør med køkkenpapir. Læg kyllingen i en skål og krydr med salt og peber. Hæld hoisinsauce over og mariner i 1 time. At dræne. Smid kyllingen i melet, overtræk derefter med æg og rasp, derefter æg og rasp igen. Varm olien op og steg kyllingen i cirka 5 minutter, indtil den er gyldenbrun. Afdryp på køkkenpapir og server varm eller kold.

braiseret kylling

Til 4 til 6 portioner

75 ml / 5 spsk jordnøddeolie (peanuts)
1 kylling
3 forårsløg (spidskål), skåret i skiver
3 skiver ingefærrod
120 ml / 4 fl oz / ½ kop sojasovs
30 ml / 2 spsk risvin eller tør sherry
5 ml / 1 tsk sukker

Varm olien op og steg kyllingen til den er gylden. Tilsæt spidskål, ingefær, sojasovs og vin eller sherry og bring det i kog. Læg låg på og lad det simre i 30 minutter, vend af og til. Tilsæt sukker, læg låg på og lad det simre i yderligere 30 minutter, indtil kyllingen er kogt.

sprødstegt kylling

til 4 personer

1 kylling

salt

30 ml / 2 spsk risvin eller tør sherry

3 forårsløg (spidskål), i tern

1 skive ingefærrod

30 ml / 2 spsk sojasovs

30 ml / 2 spsk sukker

5 ml / 1 tsk hele nelliker

5 ml / 1 tsk salt

5 ml / 1 tsk peberkorn

150 ml / ¼ pt / generøs ½ kop hønsebouillon

fritureolie

1 salat, strimlet

4 tomater, skåret i skiver

½ agurk, skåret i skiver

Gnid kyllingen med salt og lad den hvile i 3 timer. Skyl og læg i en skål. Tilsæt vin eller sherry, ingefær, sojasovs, sukker, nelliker, salt, peberkorn og bouillon og bland godt. Læg skålen i en dampkoger, dæk til og damp i ca. 2 ¼ time, indtil kyllingen er gennemstegt. At dræne. Varm olien op, indtil den ryger, tilsæt derefter kyllingen og steg den gylden. Steg i yderligere 5 minutter, fjern fra olien og afdryp. Skær i tern og læg på en varm tallerken. Pynt med salat, tomater og agurk og server med en salt- og peberdressing.

Hel stegt kylling

Serverer 5

1 kylling
10 ml / 2 teskefulde salt
15 ml / 1 spsk risvin eller tør sherry
2 spidskål (spidskål), skåret i halve
3 skiver ingefærrod, skåret i strimler
fritureolie

Tør kyllingen og gnid skindet med salt og vin eller sherry. Læg purløg og ingefær inde i hulrummet. Hæng kyllingen til tørre på et køligt sted i cirka 3 timer. Varm olien op og læg kyllingen i en stegekurv. Sænk forsigtigt ned i olien og dryp konstant indvendigt og udvendigt, indtil kyllingen har fået let farve. Fjern olien og lad den køle lidt af, mens du genopvarmer olien. Steg igen til de er gyldne. Dræn godt af og skær derefter i stykker.

fem krydderier kylling

Til 4 til 6 portioner

1 kylling

120 ml / 4 fl oz / ½ kop sojasovs

2,5 cm / 1 tomme ingefærrod, hakket

1 knust fed hvidløg

15 ml / 1 spsk five spice pulver

30 ml / 2 spsk risvin eller tør sherry

30 ml / 2 spsk honning

2,5 ml / ½ tsk sesamolie

fritureolie

30 ml / 2 spsk salt

5 ml / 1 tsk friskkværnet peber

Læg kyllingen i en stor gryde og fyld den op til midten af låret med vand. Reserver 15 ml / 1 spsk af sojasovsen og tilsæt resten til gryden med ingefær, hvidløg og halvdelen af pulveret med fem krydderier. Bring i kog, læg låg på og kog ved svag varme i 5 minutter. Sluk for varmen og lad kyllingen stå i vandet til vandet er lunkent. At dræne.

Skær kyllingen i halve på langs og læg den med snitsiden nedad i en bradepande. Bland den resterende sojasovs og pulver med fem krydderier med vin eller sherry, honning og sesamolie. Gnid blandingen over kyllingen og lad den sidde i 2 timer, pensl af og til med blandingen. Varm olien op og steg kyllingehalvdelene i cirka 15 minutter, indtil de er gyldenbrune og gennemstegte. Afdryp på køkkenpapir og skær i portioner.

Bland imens salt og peber sammen og varm i en tør stegepande i cirka 2 minutter. Server som sauce til kyllingen.

Kylling med ingefær og purløg

til 4 personer

1 kylling
2 skiver ingefærrod, skåret i strimler
salt og friskkværnet peber
90 ml / 4 spsk jordnøddeolie
8 forårsløg (spidskål), finthakket
10 ml / 2 tsk hvidvinseddike
5 ml / 1 tsk sojasovs

Læg kyllingen i en stor gryde, tilsæt halvdelen af ingefæren, og hæld nok vand i, så den næsten dækker kyllingen. Krydr med salt og peber. Bring det i kog, læg låg på og lad det simre i cirka 1¼ time, indtil det er møre. Lad kyllingen stå i bouillonen til den er afkølet. Dræn kyllingen og stil den på køl til den er kold. Skær i portioner.

Riv den resterende ingefær og bland med olie, forårsløg, vineddike og sojasovs samt salt og peber. Stil på køl i 1 time. Anret kyllingestykkerne i en serveringsskål og hæld ingefærdressingen over. Server med dampede ris.

pocheret kylling

til 4 personer

1 kylling

1,2 l / 2 pts / 5 kopper hønsebouillon eller vand

30 ml / 2 spsk risvin eller tør sherry

4 spidskål (spidskål), hakket

1 skive ingefærrod

5 ml / 1 tsk salt

Læg kyllingen i en stor gryde med alle de resterende ingredienser. Bouillonen eller vandet skal komme op til midten af låret. Bring det i kog, læg låg på og lad det simre i cirka 1 time, indtil kyllingen er gennemstegt. Afdryp, behold bouillonen til supper.

Rød kogt kylling

til 4 personer

1 kylling

250 ml / 8 fl oz / 1 kop sojasovs

Læg kyllingen i en stegepande, hæld sojasovsen over og fyld med vand, så den næsten dækker kyllingen. Bring det i kog, læg låg på og lad det simre i ca. 1 time, indtil kyllingen er kogt, vend af og til.

Kylling med krydderier kogt i rødt

til 4 personer

2 skiver ingefærrod

2 forårsløg (spidskål)

1 kylling

3 stjerneanis nelliker

½ kanelstang

15 ml / 1 spsk Sichuan peberkorn

75 ml / 5 spsk sojasovs

75 ml / 5 spsk risvin eller tør sherry

75 ml / 5 spsk sesamolie

15 ml / 1 spsk sukker

Læg ingefær og spidskål inde i kyllingehulen og læg kyllingen i en stegepande. Bind stjerneanis, kanel og pebernødder sammen i et stykke muslin og tilsæt til gryden. Hæld sojasovs, vin eller sherry og sesamolie over. Bring i kog, læg låg på og kog ved svag varme i cirka 45 minutter. Tilsæt sukker, læg låg på og lad det simre i 10 minutter mere, indtil kyllingen er gennemstegt.

Grillet sesamkylling

til 4 personer

50 g / 2 oz sesamfrø

1 finthakket løg

2 hakkede fed hvidløg

10 ml / 2 teskefulde salt

1 tørret rød chili, stødt

knivspids malet nelliker

2,5 ml / ½ tsk malet kardemomme

2,5 ml / ½ tsk malet ingefær

75 ml / 5 spsk jordnøddeolie (peanuts)

1 kylling

Bland alle krydderier og olie sammen og pensl over kyllingen. Læg det i en bradepande og tilsæt 30 ml / 2 spsk vand til gryden. Steg i en forvarmet ovn ved 180°C/350°F/gasmærke 4 i ca. 2 timer, dryp og vend kyllingen af og til, indtil den er gyldenbrun og gennemstegt. Tilsæt eventuelt lidt mere vand for at undgå forbrændinger.

Kylling i sojasovs

Til 4 til 6 portioner

300 ml / ½ pt / 1 ¼ kopper sojasovs

300 ml / ½ pt / 1 ¼ kopper risvin eller tør sherry

1 hakket løg

3 skiver rod ingefær, hakket

50 g / 2 oz / ¼ kop sukker

1 kylling

15 ml / 1 spsk majsmel (majsstivelse)

60 ml / 4 spiseskefulde vand

1 agurk, skrællet og skåret i skiver

30 ml / 2 spsk hakket frisk persille

Bland sojasovsen, vin eller sherry, løg, ingefær og sukker i en gryde og bring det i kog. Tilsæt kylling, bring det i kog, læg låg på og lad det simre i 1 time, vend kyllingen af og til, indtil den er kogt. Overfør kyllingen til en varm serveringsplade og skær den i skiver. Hæld alle på nær 250 ml / 8 fl oz / 1 kop af kogevæsken og bring det i kog. Bland majsmel og vand til en pasta, rør i gryden og lad det simre under omrøring, indtil saucen tynder og tykner. Fordel lidt sauce over kyllingen og pynt kyllingen med agurk og persille. Server den resterende sauce separat.

dampet kylling

til 4 personer

1 kylling
45 ml / 3 spsk risvin eller tør sherry
salt
2 skiver ingefærrod
2 forårsløg (spidskål)
250 ml / 8 fl oz / 1 kop kyllingebouillon

Læg kyllingen i en ovnfast skål og gnid med vin eller sherry og salt og læg ingefær og forårsløg inde i hulrummet. Stil skålen på en rist i en dampkoger, dæk til og damp over kogende vand i ca. 1 time, indtil den er gennemstegt. Serveres varm eller kold.

Dampet kylling med anis

til 4 personer

250 ml / 8 fl oz / 1 kop sojasovs

250 ml / 8 fl oz / 1 kop vand

15 ml / 1 spsk brun farin

4 stjerneanis nelliker

1 kylling

Bland sojasovsen, vand, sukker og anis i en gryde og bring det i kog ved svag varme. Læg kyllingen i en skål og dryp blandingen godt inde og ude. Genopvarm blandingen og gentag. Læg kyllingen i en ildfast skål. Stil skålen på en rist i en dampkoger, dæk til og damp over kogende vand i ca. 1 time, indtil den er gennemstegt.

underligt smagende kylling

til 4 personer

1 kylling

5 ml / 1 tsk hakket ingefærrod

5 ml / 1 tsk hakket hvidløg

45 ml / 3 spsk tyk sojasovs

5 ml / 1 tsk sukker

2,5 ml / ½ tsk vineddike

10 ml / 2 tsk sesamsauce

5 ml / 1 tsk friskkværnet peber

10 ml / 2 tsk chiliolie

½ salat, revet

15 ml / 1 spsk hakket frisk koriander

Læg kyllingen i en gryde og fyld den med vand, indtil den når midten af kyllingelårene. Bring det i kog, læg låg på og lad det simre i cirka 1 time, indtil kyllingen er mør. Fjern fra panden og afdryp godt og blød i isvand, indtil kødet er helt afkølet. Dræn godt af og hak i 5 cm / 2 stykker Bland alle de resterende ingredienser og hæld over kyllingen. Server pyntet med salat og koriander.

sprøde kyllingestykker

til 4 personer

100 g / 4 oz almindeligt mel (alle formål)

knivspids salt

15 ml / 1 spsk vand

1 æg

350 g / 12 oz kogt kylling, i tern

fritureolie

Bland mel, salt, vand og æg til du får en ret stiv dej, tilsæt evt. lidt mere vand. Dyp kyllingestykkerne i dejen, indtil de er godt dækket. Varm olien op, til den er meget varm, og steg kyllingen i et par minutter, indtil den er sprød og gylden.

Kylling med grønne bønner

til 4 personer

45 ml / 3 spsk jordnøddeolie (peanuts)

450 g / 1 lb kogt kylling, strimlet

5 ml / 1 tsk salt

2,5 ml / ½ tsk friskkværnet peber

8 oz / 225 g grønne bønner, skåret i stykker

1 bladselleri, skåret diagonalt

225 g / 8 oz svampe, skåret i skiver

250 ml / 8 fl oz / 1 kop kyllingebouillon

30 ml / 2 spsk majsmel (majsstivelse)

60 ml / 4 spiseskefulde vand

10 ml / 2 tsk sojasovs

Varm olien op og steg kyllingen, krydr med salt og peber, indtil den er let brunet. Tilsæt bønner, selleri og svampe og bland godt. Tilsæt bouillon, bring det i kog, læg låg på og lad det simre i 15 minutter. Bland majsmel, vand og sojasovs til en pasta, rør i gryden, og lad det simre under omrøring, indtil saucen tynder og tykner.

Kylling tilberedt med ananas

til 4 personer

45 ml / 3 spsk jordnøddeolie (peanuts)

8 oz / 225 g kogt kylling, skåret i tern

salt og friskkværnet peber

2 selleristængler, skåret diagonalt

3 ananasskiver, skåret i stykker

120 ml / 4 fl oz / ½ kop kyllingebouillon

15 ml / 1 spsk sojasovs

10 ml / 2 spsk majsmel (majsstivelse)

30 ml / 2 spsk vand

Varm olien op og steg kyllingen let gylden. Smag til med salt og peber, tilsæt sellerien og steg i 2 minutter. Tilsæt ananas, bouillon og sojasovs og rør rundt i et par minutter, indtil det er gennemvarmet. Bland majsmel og vand til en pasta, rør i gryden og lad det simre under omrøring, indtil saucen tynder og tykner.

Kylling med peberfrugt og tomater

til 4 personer

45 ml / 3 spsk jordnøddeolie (peanuts)
450 g / 1 lb kogt kylling, skåret i skiver
10 ml / 2 teskefulde salt
5 ml / 1 tsk friskkværnet peber
1 grøn peberfrugt skåret i stykker
4 store tomater, uden skind og skåret i tern
250 ml / 8 fl oz / 1 kop kyllingebouillon
30 ml / 2 spsk majsmel (majsstivelse)
15 ml / 1 spsk sojasovs
120 ml / 4 fl oz / ½ kop vand

Varm olien op og steg kyllingen, krydr med salt og peber til den er gylden. Tilsæt peberfrugt og tomater. Hæld bouillon i, bring det i kog, læg låg på og lad det simre i 15 minutter. Bland majsmel, sojasovs og vand til en pasta, rør i gryden og lad det simre under omrøring, indtil saucen tynder og tykner.

sesam kylling

til 4 personer

450 g / 1 lb kogt kylling, skåret i strimler

2 skiver ingefær finthakket

1 forårsløg (spidskål), finthakket

salt og friskkværnet peber

60 ml / 4 spsk risvin eller tør sherry

60 ml / 4 spsk sesamolie

10 ml / 2 teskefulde sukker

5 ml / 1 tsk vineddike

150 ml / ¼ pt / generøs ½ kop sojasovs

Anret kyllingen på et fad og drys med ingefær, purløg, salt og peber. Bland vin eller sherry, sesamolie, sukker, vineddike og sojasovs. Hæld over kylling.

stegte poussiner

til 4 personer

2 poussins, skåret i halve
45 ml / 3 spsk sojasovs
45 ml / 3 spsk risvin eller tør sherry
120 ml / 4 fl oz / ½ kop jordnøddeolie (peanuts)
1 forårsløg (spidskål), finthakket
30 ml / 2 spsk hønsebouillon
10 ml / 2 teskefulde sukker
5 ml / 1 tsk chiliolie
5 ml / 1 tsk hvidløgspasta
salt og peber

Læg poussinerne i en skål. Bland sojasovs og vin eller sherry, hæld over poussins, læg låg på og mariner i 2 timer, bast ofte. Varm olien op og steg poussinerne i cirka 20 minutter til de er gennemstegte. Tag dem op af gryden og varm olien op igen. Kom dem tilbage i gryden og steg til de er gyldenbrune. Dræn det meste af olien. Bland de resterende ingredienser, tilsæt til stegepanden og varm hurtigt op. Hæld poussinerne over inden servering.

Tyrkiet med Mangetout

til 4 personer

60 ml / 4 spsk jordnøddeolie

2 spidskål (spidskål), hakket

2 knuste fed hvidløg

1 skive ingefærrod, hakket

225 g / 8 oz kalkunbryst, skåret i strimler

8 oz / 225 g sneærter

100 g / 4 oz bambusskud, skåret i strimler

50 g / 2 oz vandkastanjer, skåret i strimler

45 ml / 3 spsk sojasovs

15 ml / 1 spsk risvin eller tør sherry

5 ml / 1 tsk sukker

5 ml / 1 tsk salt

15 ml / 1 spsk majsmel (majsstivelse)

Varm 45 ml / 3 spsk olie og steg forårsløg, hvidløg og ingefær let gyldne. Tilsæt kalkunen og steg i 5 minutter. Fjern fra panden og sæt til side. Varm den resterende olie op og steg sneærter, bambusskud og vandkastanjer i 3 minutter. Tilsæt sojasovsen, vin eller sherry, sukker og salt og kom kalkunen tilbage i gryden. Sauter i 1 minut. Bland majsmelet med lidt vand, rør det i gryden og kog ved svag varme under omrøring, indtil saucen tynder ud og tykner.

Kalkun med peber

til 4 personer

4 tørrede kinesiske svampe

30 ml / 2 spsk jordnøddeolie

1 bok choy, skåret i strimler

350 g / 12 oz røget kalkun, skåret i strimler

1 hakket løg

1 rød peberfrugt skåret i strimler

1 grøn peberfrugt skåret i strimler

120 ml / 4 fl oz / ½ kop kyllingebouillon

30 ml / 2 spsk tomatpuré (pasta)

45 ml / 3 spsk vineddike

30 ml / 2 spsk sojasovs

15 ml / 1 spsk hoisinsauce

10 ml / 2 tsk majsmel (majsstivelse)

et par dråber chiliolie

Udblød svampene i lunkent vand i 30 minutter, og dræn derefter. Kassér stilkene og skær toppen i strimler. Varm halvdelen af olien op og steg kålen i cirka 5 minutter eller indtil den er gennemstegt. Fjern fra panden. Tilsæt kalkunen og steg i 1 minut. Tilsæt grøntsagerne og steg i 3 minutter.

Bland bouillonen med tomatpuré, vineddike og saucer og kom på panden med kålen. Bland majsstivelsen med lidt vand, rør i gryden og bring det i kog under omrøring. Drys med chiliolie og kog ved svag varme i 2 minutter under konstant omrøring.

kinesisk stegt kalkun

Serverer 8 til 10

1 lille kalkun

600 ml / 1 pt / 2½ kopper varmt vand

10 ml / 2 tsk allehånde

500 ml / 16 fl oz / 2 kopper sojasovs

5 ml / 1 tsk sesamolie

10 ml / 2 teskefulde salt

45 ml / 3 spsk smør

Læg kalkunen i en stegepande og hæld det varme vand over. Tilsæt resten af ingredienserne undtagen smørret og lad det stå i 1 time, vend flere gange. Fjern kalkunen fra væsken og pensl med smør. Læg i en bradepande, dæk løst med køkkenpapir, og steg i en forvarmet ovn ved 160°C/325°F/gasmærke 3 i ca. 4 timer, og drys af og til med sojasovsvæsken. Fjern folien og lad skindet blive sprødt i de sidste 30 minutter af tilberedningen.

Kalkun med valnødder og svampe

til 4 personer

450 g / 1 pund kalkunbrystfilet

salt og peber

saft af 1 appelsin

15 ml / 1 spsk almindeligt mel (alle formål)

12 syltede sorte valnødder med saft

5 ml / 1 tsk majsmel (majsstivelse)

15 ml / 1 spsk jordnøddeolie

2 forårsløg (spidskål), i tern

225 g / 8 oz svampe

45 ml / 3 spsk risvin eller tør sherry

10 ml / 2 tsk sojasovs

50 g / 2 oz / ½ kop smør

25 g / 1 oz pinjekerner

Skær kalkunen i 1/2 cm tykke skiver. Drys med salt, peber og appelsinsaft og drys med mel. Dræn og halver valnødderne, behold væsken, og bland væsken med majsstivelsen. Varm olien op og steg kalkunen til den er gylden. Tilsæt forårsløg og svampe og steg i 2 minutter. Tilsæt vin eller sherry og sojasovs og lad det simre i 30 sekunder. Tilsæt nødderne til majsmelblandingen, og rør dem derefter i gryden og bring dem i kog. Tilsæt smørret i små flager, men lad ikke blandingen koge. Rist pinjekernerne på en tør pande til de er gyldne. Overfør kalkunblandingen til en varm serveringsfad og server pyntet med pinjekerner.

and med bambusskud

til 4 personer

6 tørrede kinesiske svampe
1 and
50 g / 2 oz røget skinke, skåret i strimler
100 g / 4 oz bambusskud, skåret i strimler
2 forårsløg (spidskål), skåret i strimler
2 skiver ingefærrod, skåret i strimler
5 ml / 1 tsk salt

Udblød svampene i lunkent vand i 30 minutter, og dræn derefter. Kassér stilkene og skær toppen i strimler. Kom alle ingredienserne i en varmefast skål og kom i en gryde fyldt med vand, indtil to tredjedele af skålen er fyldt. Bring det i kog, læg låg på og kog ved svag varme i cirka 2 timer, indtil anden er kogt, efterfyld kogende vand efter behov.

And med bønnespirer

til 4 personer

225 g / 8 oz bønnespirer
45 ml / 3 spsk jordnøddeolie (peanuts)
450 g / 1 lb kogt andekød
15 ml / 1 spsk østerssauce
15 ml / 1 spsk risvin eller tør sherry
30 ml / 2 spsk vand
2,5 ml / ½ tsk salt

Blancher bønnespirerne i kogende vand i 2 minutter, og dræn derefter. Varm olien op, steg bønnespirerne i 30 sekunder. Tilsæt and, sauter indtil den er gennemvarme. Tilsæt de resterende ingredienser og steg i 2 minutter for at blande smagene. Server med det samme.

stuvet and

til 4 personer

4 spidskål (spidskål), hakket

1 skive ingefærrod, hakket

120 ml / 4 fl oz / ½ kop sojasovs

30 ml / 2 spsk risvin eller tør sherry

1 and

120 ml / 4 fl oz / ½ kop jordnøddeolie (peanuts)

600 ml / 1 pt / 2½ kopper vand

15 ml / 1 spsk brun farin

Bland forårsløg, ingefær, sojasovs og vin eller sherry og gnid det over anden indvendig og udvendig. Varm olien op og steg anden let gylden på alle sider. Dræn olien af. Tilsæt vand og den resterende sojasovsblanding, bring det i kog, læg låg på og lad det simre i 1 time. Tilsæt sukker, læg låg på og lad det simre i yderligere 40 minutter, indtil anden er mør.

Dampet and med selleri

til 4 personer

350 g / 12 oz kogt and, skåret i skiver
1 hoved selleri
250 ml / 8 fl oz / 1 kop kyllingebouillon
2,5 ml / ½ tsk salt
5 ml / 1 tsk sesamolie
1 tomat, skåret i tern

Læg anden på en damprist. Skær sellerien i 7,5 cm / 3 lange stykker og kom i en gryde. Hæld bouillon i, smag til med salt, og sæt dampkogeren over gryden. Bring bouillonen i kog, og lad den simre i cirka 15 minutter, indtil sellerien er mør og anden gennemvarmet. Anret and og selleri på et opvarmet serveringsfad, drys sellerien med sesamolie og server pyntet med tomatbåde.

and med ingefær

til 4 personer

350 g / 12 oz andebryst, skåret i tynde skiver

1 æg, let pisket

5 ml / 1 tsk sojasovs

5 ml / 1 tsk majsmel (majsstivelse)

5 ml / 1 tsk jordnøddeolie

fritureolie

50 g / 2 oz bambusskud

50 g / 2 oz sneærter

2 skiver ingefærrod, hakket

15 ml / 1 spsk vand

2,5 ml / ½ tsk sukker

2,5 ml / ½ tsk risvin eller tør sherry

2,5 ml / ½ tsk sesamolie

Bland anden med æg, sojasovs, majsstivelse og olie og lad hvile i 10 minutter. Varm olien op og steg and og bambusskud, indtil de er kogte og gyldne. Tag af panden og dræn godt af. Hæld alt undtagen 15 ml / 1 spsk olie fra panden og svits and, bambusskud, sneærter, ingefær, vand, sukker og vin eller sherry i 2 minutter. Server drysset med sesamolie.

And med grønne bønner

til 4 personer

1 and

60 ml / 4 spsk jordnøddeolie

2 knuste fed hvidløg

2,5 ml / ½ tsk salt

1 hakket løg

15 ml / 1 spsk revet ingefær

45 ml / 3 spsk sojasovs

120 ml / 4 fl oz / ½ kop risvin eller tør sherry

60 ml / 4 spsk tomatsauce (ketchup)

45 ml / 3 spsk vineddike

300 ml / ½ pt / 1¼ kopper hønsebouillon

1 pund / 450 g grønne bønner, skåret i skiver

knivspids friskkværnet peber

5 dråber chiliolie

15 ml / 1 spsk majsmel (majsstivelse)

30 ml / 2 spsk vand

Skær anden i 8-10 stykker. Varm olien op og steg anden gylden. Overfør til en skål. Tilsæt hvidløg, salt, løg, ingefær, sojasovs, vin eller sherry, tomatsauce og vineddike. Bland, dæk til og mariner i køleskabet i 3 timer.

Varm olie op igen, tilsæt and, bouillon og marinade, bring det i kog, læg låg på og lad det simre i 1 time. Tilsæt bønnerne, læg låg på og lad dem simre i 15 minutter. Tilsæt peber og chiliolie. Bland majsmelet med vandet, rør det i gryden og kog ved svag varme under omrøring, indtil saucen tykner.

stegt dampet and

til 4 personer

1 and

salt og friskkværnet peber

fritureolie

hoisinsauce

Krydr anden med salt og peber og læg den i en varmefast skål. Kom den i en gryde fyldt med vand, indtil den er to tredjedele af beholderens højde, bring i kog, læg låg på og lad den simre i cirka 1 1/2 time, indtil anden er mør. Dræn og lad afkøle.

Varm olien op og steg anden sprød og gylden. Fjern og dræn godt af. Skær i små stykker og server med hoisinsauce.

And med eksotiske frugter

til 4 personer

4 andebrystfileter, skåret i strimler

2,5 ml / ½ tsk fem krydderier pulver

30 ml / 2 spsk sojasovs

15 ml / 1 spsk sesamolie

15 ml / 1 spsk jordnøddeolie

3 selleristængler, skåret i tern

2 ananasskiver i tern

100 g / 4 oz melon, i tern

4 oz / 100 g litchi, halveret

130 ml / 4 fl oz / ½ kop kyllingebouillon

30 ml / 2 spsk tomatpuré (pasta)

30 ml / 2 spsk hoisinsauce

10 ml / 2 teskefulde vineddike

knivspids brun farin

Læg anden i en skål. Bland fem-krydderi-pulveret, sojasovsen og sesamolie, hæld over anden og mariner i 2 timer under omrøring af og til. Varm olien op og steg anden i 8 minutter. Fjern fra panden. Tilsæt selleri og frugter og steg i 5 minutter. Kom anden tilbage i gryden med resten af ingredienserne, bring det i kog, og lad det simre under omrøring i 2 minutter før servering.

Braiseret and med kinesiske blade

til 4 personer

1 and

30 ml / 2 spsk risvin eller tør sherry

30 ml / 2 spsk hoisinsauce

15 ml / 1 spsk majsmel (majsstivelse)

5 ml / 1 tsk salt

5 ml / 1 tsk sukker

60 ml / 4 spsk jordnøddeolie

4 spidskål (spidskål), hakket

2 knuste fed hvidløg

1 skive ingefærrod, hakket

75 ml / 5 spsk sojasovs

600 ml / 1 pt / 2½ kopper vand

8 oz / 225 g kinesiske blade, strimlet

Skær anden i cirka 6 stykker. Bland vin eller sherry, hoisinsauce, majsstivelse, salt og sukker og gnid den over anden. Lad stå 1 time. Varm olien op og steg forårsløg, hvidløg og ingefær i et par sekunder. Tilsæt anden og steg den let gylden på alle sider. Dræn eventuelt overskydende fedt. Hæld sojasovsen og vand i, bring det i kog, læg låg på og lad det simre i cirka 30 minutter. Tilsæt de kinesiske blade, læg låg på igen og lad det simre i yderligere 30 minutter, indtil anden er mør.

beruset and

til 4 personer

2 spidskål (spidskål), hakket
2 hakkede fed hvidløg
1,5 l / 2½ pts / 6 kopper vand
1 and
450 ml / ¾ pt / 2 kopper risvin eller tør sherry

Kom purløg, hvidløg og vand i en stor gryde og bring det i kog. Tilsæt and, bring det i kog, læg låg på og lad det simre i 45 minutter. Dræn godt, behold væsken til bouillon. Lad anden køle af, og stil den derefter på køl natten over. Skær anden i stykker og læg dem i en stor krukke med skruetop. Hæld vinen eller sherryen over og stil den på køl i ca. 1 uge, før den drænes og serveres kold.

fem krydderier and

til 4 personer

150 ml / ¼ pt / generøs ½ kop risvin eller tør sherry
150 ml / ¼ pt / generøs ½ kop sojasovs
1 and
10 ml / 2 teskefulde fem krydderier pulver

Bring vinen eller sherryen og sojasovsen i kog. Tilsæt anden og lad det simre, vend i cirka 5 minutter. Fjern anden fra gryden og gnid femkrydderipulveret ind i skindet. Kom fuglen tilbage i gryden og tilsæt nok vand til at dække anden halvvejs. Bring det i kog, læg låg på og kog ved svag varme i ca. 1 1/2 time, indtil anden er mør, vend og dryp ofte. Skær anden i 5 cm / 2 stykker og server varm eller kold.

Stegt and med ingefær

til 4 personer

1 and

2 skiver ingefærrod, revet

2 spidskål (spidskål), hakket

15 ml / 1 spsk majsmel (majsstivelse)

30 ml / 2 spsk sojasovs

30 ml / 2 spsk risvin eller tør sherry

2,5 ml / ½ tsk salt

45 ml / 3 spsk jordnøddeolie (peanuts)

Fjern kødet fra benene og skær det i stykker. Bland kødet med alle de resterende ingredienser undtagen olien. Lad stå 1 time. Varm olien op og steg anden i marinaden i cirka 15 minutter til anden er mør.

And med skinke og porrer

til 4 personer

1 and

450 g / 1 pund røget skinke

2 porrer

2 skiver ingefærrod, hakket

45 ml / 3 spsk risvin eller tør sherry

45 ml / 3 spsk sojasovs

2,5 ml / ½ tsk salt

Læg anden i en gryde og dæk den blot med koldt vand. Bring i kog, læg låg på og kog ved svag varme i cirka 20 minutter. Dræn og reserver 450 ml / ¾ pts / 2 kopper bouillon. Lad anden køle lidt af, skær derefter kødet fra benene og skær i 5 cm firkanter. Skær skinken i lignende stykker. Skær lange stykker porre og rul en skive and og skinke inde i lagen og bind med snor. Anbring i en varmebestandig beholder. Tilsæt ingefær, vin eller sherry, sojasovs og salt til den reserverede bouillon og hæld over anderullerne. Placer skålen i en gryde fyldt med vand, indtil den kommer to tredjedele af vejen op ad skålens sider. Bring i kog, læg låg på og kog ved svag varme i cirka 1 time, indtil anden er mør.

andesteg med honning

til 4 personer

1 and

salt

3 fed hvidløg, knust

3 spidskål (spidskål), hakket

45 ml / 3 spsk sojasovs

45 ml / 3 spsk risvin eller tør sherry

45 ml / 3 spiseskefulde honning

200 ml / 7 fl oz / sparsom 1 kop kogende vand

Tør anden og gnid den med salt indvendigt og udvendigt. Bland hvidløg, forårsløg, sojasovs og vin eller sherry, og del derefter blandingen i to. Bland honningen i halve og gnid den over anden og lad den tørre. Tilsæt vandet til den resterende honningblanding. Hæld sojasovsblandingen i andehulen og læg den på en rist i en bradepande med lidt vand i bunden. Steg i en forvarmet ovn ved 180°C/350°F/gasmærke 4 i ca. 2 timer, indtil anden er mør, og drys under hele tilberedningen med den resterende honningblanding.

våd andesteg

til 4 personer

6 forårsløg (spidskål), hakket
2 skiver ingefærrod, hakket
1 and
2,5 ml / ½ tsk stødt anis
15 ml / 1 spsk sukker
45 ml / 3 spsk risvin eller tør sherry
60 ml / 4 spsk sojasovs
250 ml / 8 fl oz / 1 kop vand

Læg halvdelen af spidskålene og ingefæren i en stor, kraftig gryde. Læg resten i andens hulrum og kom det i gryden. Tilsæt alle de resterende ingredienser undtagen hoisinsauce, bring det i kog, læg låg på og lad det simre i ca. 1 1/2 time, vend af og til. Tag anden af gryden og lad den tørre i cirka 4 timer.

Læg anden på en rist i en bradepande fyldt med lidt koldt vand. Steg i en forvarmet ovn ved 230°C/450°F/gasmærke 8 i 15 minutter, vend derefter og steg i yderligere 10 minutter, indtil de er sprøde. I mellemtiden opvarmes den reserverede væske og hældes over and til servering.

Sauteret and med svampe

til 4 personer

1 and

75 ml / 5 spsk jordnøddeolie (peanuts)

45 ml / 3 spsk risvin eller tør sherry

15 ml / 1 spsk sojasovs

15 ml / 1 spsk sukker

5 ml / 1 tsk salt

knivspids peber

2 knuste fed hvidløg

225 g / 8 oz svampe, skåret i halve

600 ml / 1 pt / 2½ kopper hønsebouillon

15 ml / 1 spsk majsmel (majsstivelse)

30 ml / 2 spsk vand

5 ml / 1 tsk sesamolie

Skær anden i 5 cm / 2 stykker Varm 45 ml / 3 spsk olie og steg anden let gylden på alle sider. Tilsæt vin eller sherry, sojasovs, sukker, salt og peber og kog i 4 minutter. Fjern fra panden. Varm den resterende olie op og steg hvidløget let gyldent. Tilsæt svampene og rør, indtil de lige er dækket af olie, kom derefter andeblandingen tilbage i gryden og tilsæt bouillon.

Bring i kog, læg låg på og kog ved svag varme i cirka 1 time, indtil anden er mør. Bland majsmel og vand, indtil du får en pasta, rør det derefter i blandingen og lad det simre under omrøring, indtil saucen tykner. Drys med sesamolie og server.

and med to svampe

til 4 personer

6 tørrede kinesiske svampe
1 and
750 ml / 1 ¼ pts / 3 kopper hønsebouillon
45 ml / 3 spsk risvin eller tør sherry
5 ml / 1 tsk salt
100 g / 4 oz bambusskud, skåret i strimler
100 g / 4 oz svampe

Udblød svampene i lunkent vand i 30 minutter, og dræn derefter. Kassér stilkene og skær toppen i halve. Læg anden i en stor varmefast skål med bouillon, vin eller sherry og salt og læg den i en gryde fyldt med vand, så den kommer to tredjedele op ad skålens sider. Bring det i kog, læg låg på og kog ved svag varme i cirka 2 timer, indtil anden er mør. Tag af panden og skær kødet fra benet. Overfør kogevæsken til en separat gryde. Læg bambusskuddene og begge typer svampe i bunden af dampkogeren, sæt andekødet på igen, læg låg på og damp i yderligere 30 minutter. Bring kogevæsken i kog og hæld anden over til servering.

Braiseret and med løg

til 4 personer

4 tørrede kinesiske svampe

1 and

90 ml / 6 spsk sojasovs

60 ml / 4 spsk jordnøddeolie

1 forårsløg (spidskål), hakket

1 skive ingefærrod, hakket

45 ml / 3 spsk risvin eller tør sherry

1 pund / 450 g løg, skåret i skiver

100 g / 4 oz bambusskud, skåret i skiver

15 ml / 1 spsk brun farin

15 ml / 1 spsk majsmel (majsstivelse)

45 ml / 3 spsk vand

Udblød svampene i lunkent vand i 30 minutter, og dræn derefter. Kassér stilkene og skær toppen af. Gnid 15 ml / 1 spsk sojasauce ind i anden. Reserver 15 ml / 1 spsk olie, opvarm den resterende olie og steg forårsløg og ingefær let gyldne. Tilsæt anden og steg den let gylden på alle sider. Eliminerer overskydende fedt. Tilsæt vin eller sherry, den resterende sojasovs til gryden og nok vand til næsten at dække anden. Bring i kog, læg låg på og kog ved svag varme i 1 time, vend af og til.

Opvarm den reserverede olie og steg løgene, indtil de er bløde. Fjern fra varmen og tilsæt bambusskud og svampe, tilsæt så til anden, læg låg på og lad det simre i yderligere 30 minutter, indtil anden er mør. Tag anden ud af gryden, skær den i stykker og læg den på en varm tallerken. Bring væskerne i gryden i kog, tilsæt sukker og majsstivelse og lad det simre under omrøring, indtil blandingen koger og tykner. Hæld anden over til servering.

And med appelsin

til 4 personer

1 and
3 forårsløg (spidskål), skåret i stykker
2 skiver ingefærrod, skåret i strimler
1 skive appelsinskal
salt og friskkværnet peber

Læg anden i en stor gryde, dæk blot med vand og bring det i kog. Tilsæt forårsløg, ingefær og appelsinskal, læg låg på og lad det simre i cirka 1 1/2 time, indtil anden er mør. Smag til med salt og peber, afdryp og server.

andesteg med appelsin

til 4 personer

1 and

2 fed hvidløg, skåret i halve

45 ml / 3 spsk jordnøddeolie (peanuts)

1 løg

1 appelsin

120 ml / 4 fl oz / ½ kop risvin eller tør sherry

2 skiver ingefærrod, hakket

5 ml / 1 tsk salt

Gnid hvidløg over and indvendigt og udvendigt og pensl derefter med olie. Prik det pillede løg med en gaffel, læg det sammen med den usrællede appelsin inde i andehulen og forsegl med et spyd. Læg anden på en rist over en bradepande fyldt med lidt varmt vand og steg i en forvarmet ovn ved 160°C/325°F/gasmærke 3 i ca. 2 timer. Kassér væskerne og kom anden tilbage i bradepanden. Hæld vinen eller sherryen over og drys med ingefær og salt. Tilbage til ovnen i yderligere 30 minutter. Kassér løg og appelsin og skær anden i stykker til servering. Hæld pandesaften over anden til servering.

And med pærer og kastanjer

til 4 personer

8 oz / 225 g kastanjer, afskallede

1 and

45 ml / 3 spsk jordnøddeolie (peanuts)

250 ml / 8 fl oz / 1 kop kyllingebouillon

45 ml / 3 spsk sojasovs

15 ml / 1 spsk risvin eller tør sherry

5 ml / 1 tsk salt

1 skive ingefærrod, hakket

1 stor pære, skrællet og skåret i tykke skiver

15 ml / 1 spsk sukker

Kog kastanjerne i 15 minutter og afdryp. Hak anden i 5 cm / 2 stykker Varm olien op og steg anden let gylden på alle sider. Hæld overskydende olie fra, og tilsæt derefter bouillon, sojasovs, vin eller sherry, salt og ingefær. Bring det i kog, læg låg på og lad det simre i 25 minutter, mens der røres af og til. Tilsæt kastanjerne, læg låg på og lad det simre i yderligere 15 minutter. Drys pæren med sukker, kom den i gryden og lad den simre i cirka 5 minutter, indtil den er gennemvarmet.

peking and

for 6

1 and

250 ml / 8 fl oz / 1 kop vand

120 ml / 4 fl oz / ½ kop honning

120 ml / 4 fl oz / ½ kop sesamolie

Til pandekagerne:

250 ml / 8 fl oz / 1 kop vand

225 g / 8 oz / 2 kopper almindeligt mel (alle formål)

jordnøddeolie til stegning

Til saucerne:

120 ml / 4 fl oz / ½ kop hoisinsauce

30 ml / 2 spsk brun farin

30 ml / 2 spsk sojasovs

5 ml / 1 tsk sesamolie

6 forårsløg (spidskål), skåret i skiver

1 agurk skåret i strimler

Anden skal være hel med skindet intakt. Bind halsen fast med snor og sy eller tråd den nederste åbning. Skær en lille slids i siden af halsen, stik et sugerør ind og blæs luft ind under huden, indtil det puster op. Hæng anden over et bassin og lad den hvile i 1 time.

Bring en gryde med vand i kog, tilsæt anden og kog i 1 minut, tag derefter ud og tør godt. Bring vandet i kog og tilsæt honningen. Gnid blandingen over andeskindet, indtil den er mættet. Hæng anden over en beholder et køligt, luftigt sted i cirka 8 timer, indtil skindet er hårdt.

Hæng anden eller læg den på en rist over en bradepande og steg den i en forvarmet ovn ved 180°C/350°F/gasmærke 4 i ca. 1½ time, og drys jævnligt med sesamolie.

For at lave pandekagerne, bring vandet i kog, og tilsæt derefter melet gradvist. Ælt let til dejen er blød, dæk med et fugtigt klæde og lad det hvile i 15 minutter. Rul ud på en meldrysset overflade og form til en lang cylinder. Skær i 2,5 cm / 1 i skiver, flad derefter til ca. 5 mm / ¼ tykke og pensl toppen med olie. Stables parvis med olierede overflader, der berører hinanden, og drys let udenpå med mel. Rul parrene ud til cirka 10 cm/4in brede og steg parvis i cirka 1 minut på hver side, indtil de er let gyldne. Adskil og stab indtil servering.

Forbered saucerne ved at blande halvdelen af hoisinsaucen med sukkeret og blande resten af hoisinsaucen med sojasovsen og sesamolie.

Tag anden ud af ovnen, skær skindet og skær i firkanter, og skær kødet i tern. Anret på separate tallerkener og server med pandekager, saucer og sider.

Stuvet and med ananas

til 4 personer

1 and

400 g / 14 oz ananas bidder på dåse i sirup

45 ml / 3 spsk sojasovs

5 ml / 1 tsk salt

knivspids friskkværnet peber

Læg anden i en tykbundet gryde, dæk blot med vand, bring det i kog, dæk derefter til og lad det simre i 1 time. Dræn ananassiruppen i gryden med sojasovsen, salt og peber, læg låg på og lad det simre i yderligere 30 minutter. Tilsæt ananasstykkerne og lad det simre i yderligere 15 minutter, indtil anden er mør.

Sauteret and med ananas

til 4 personer

1 and

45 ml / 3 spsk majsmel (majsstivelse)

45 ml / 3 spsk sojasovs

225 g / 8 oz ananas på dåse i sirup

45 ml / 3 spsk jordnøddeolie (peanuts)

2 skiver ingefærrod, skåret i strimler

15 ml / 1 spsk risvin eller tør sherry

5 ml / 1 tsk salt

Skær kødet fra benet og skær det i stykker. Bland sojasaucen med 30 ml / 2 spsk majsmel og bland i anden, indtil den er godt dækket. Lad sidde i 1 time, rør af og til. Knus ananas og siruppen og varm forsigtigt i en gryde. Bland det resterende majsmel med lidt vand, rør i gryden og kog ved svag varme under omrøring, indtil saucen tykner. Forbliv varm. Varm olien op og steg ingefæren let gylden og kassér derefter ingefæren. Tilsæt anden og steg den let gylden på alle sider. Tilsæt vinen eller sherryen og saltet og steg et par minutter mere, indtil anden er kogt. Anret anden på en opvarmet tallerken, hæld saucen over og server straks.

Ananas ingefærand

til 4 personer

1 and

100 g / 4 oz ingefær på dåse i sirup

200 g / 7 oz ananas bidder på dåse i sirup

5 ml / 1 tsk salt

15 ml / 1 spsk majsmel (majsstivelse)

30 ml / 2 spsk vand

Anret anden i en varmefast skål og læg den i en gryde fyldt med vand, indtil den er to tredjedele af vejen op ad skålens sider. Bring det i kog, læg låg på og kog ved svag varme i cirka 2 timer, indtil anden er mør. Fjern anden og lad den køle lidt af. Fjern skind og ben og skær anden i stykker. Anret på en tallerken og hold den varm.

Dræn ingefær og ananassirup i en gryde, tilsæt salt, majsmel og vand. Bring det i kog under omrøring og lad det simre et par minutter under omrøring, indtil saucen tynder ud og tykner. Tilsæt ingefær og ananas, rør rundt og hæld anden over til servering.

And med ananas og litchi

til 4 personer

4 andebryst

15 ml / 1 spsk sojasovs

1 stjerneanis fed

1 skive ingefærrod

jordnøddeolie til stegning

90 ml / 6 spiseskefulde vineddike

100 g / 4 oz / ½ kop brun farin

250 ml / 8 fl oz / ½ kop kyllingebouillon

15 ml / 1 spsk tomatsauce (ketchup)

200 g / 7 oz ananas bidder på dåse i sirup

15 ml / 1 spsk majsmel (majsstivelse)

6 litchie på dåse

6 maraschinokirsebær

Læg ænder, sojasovs, anis og ingefær i en gryde og dæk med koldt vand. Bring det i kog, skum og læg låg på og lad det simre i cirka 45 minutter, indtil anden er kogt. Dræn og tør. Steg i varm olie til de er sprøde.

Kombiner i mellemtiden vineddike, sukker, bouillon, tomatsauce og 30 ml/2 spsk ananassirup i en gryde, bring det i kog og lad det simre i ca. 5 minutter, indtil det er tyknet. Tilsæt frugt og varm op, før den hældes over and til servering.

And med svinekød og kastanjer

til 4 personer

6 tørrede kinesiske svampe

1 and

8 oz / 225 g kastanjer, afskallede

225 g / 8 oz magert svinekød, i tern

3 spidskål (spidskål), hakket

1 skive ingefærrod, hakket

250 ml / 8 fl oz / 1 kop sojasovs

900 ml / 1½ pts / 3¾ kopper vand

Udblød svampene i lunkent vand i 30 minutter, og dræn derefter. Kassér stilkene og skær toppen af. Kom i en stor stegepande med alle de resterende ingredienser, bring i kog, læg låg på og lad det simre i cirka 1 1/2 time, indtil anden er kogt.

And med kartofler

til 4 personer

75 ml / 5 spsk jordnøddeolie (peanuts)

1 and

3 fed hvidløg, knust

30 ml / 2 spsk sort bønnesauce

10 ml / 2 teskefulde salt

1,2 l / 2 pts / 5 kopper vand

2 porrer, skåret i tykke skiver

15 ml / 1 spsk sukker

45 ml / 3 spsk sojasovs

60 ml / 4 spsk risvin eller tør sherry

1 stjerneanis fed

900 g / 2 lb kartofler, tykke skiver

½ hoved kinesiske blade

15 ml / 1 spsk majsmel (majsstivelse)

30 ml / 2 spsk vand

flade bladpersillekviste

Varm 60 ml / 4 spsk olie og steg anden gyldenbrun på alle sider. Bind eller sy enden af halsen og læg anden med nakkesiden nedad i en dyb skål. Varm den resterende olie op og steg hvidløget let gyldent. Tilsæt den sorte bønnesauce og salt og steg i 1 minut. Tilsæt vand, porrer, sukker, sojasovs, vin eller sherry og stjerneanis og bring det i kog. Hæld 120 ml / 8 fl oz / 1 kop af blandingen i andens hulrum og bind eller sy for at sikre. Bring resten af blandingen i kog i gryden. Tilsæt and og kartofler, læg låg på og lad det simre i 40 minutter, vend anden en gang. Anret de kinesiske blade på en tallerken. Fjern anden fra panden, skæres i 5 cm / 2 stykker og lægges på serveringsfadet med kartoflerne. Bland majsmelet med vandet, indtil du får en pasta, rør det i gryden og kog ved svag varme under omrøring, indtil saucen tykner.

Rød kogt and

til 4 personer

1 and
4 forårsløg (spidskål), skåret i stykker
2 skiver ingefærrod, skåret i strimler
90 ml / 6 spsk sojasovs
45 ml / 3 spsk risvin eller tør sherry
10 ml / 2 teskefulde salt
10 ml / 2 teskefulde sukker

Læg anden i en kraftig stegepande, dæk blot med vand og bring det i kog. Tilsæt purløg, ingefær, vin eller sherry og salt, læg låg på og lad det simre i cirka 1 time. Tilsæt sukkeret og lad det simre i yderligere 45 minutter, indtil anden er mør. Skær anden på et fad og server varm eller kold, med eller uden sauce.

Risvinsstegt and

til 4 personer

1 and

500 ml / 14 fl oz / 1¾ kopper risvin eller tør sherry

5 ml / 1 tsk salt

45 ml / 3 spsk sojasovs

Læg anden i en tykbundet gryde med sherry og salt, bring det i kog, læg låg på og kog ved svag varme i 20 minutter. Dræn anden, gem væsken og gnid den med sojasovs. Placer på en rist i en bradepande fyldt med lidt varmt vand og steg i en forvarmet ovn ved 180°C / 350°F / gasmærke 4 i ca. 1 time, og drys jævnligt med den reserverede vinvæske.

Dampet and med risvin

til 4 personer

1 and

4 forårsløg (spidskål), skåret i halve

1 skive ingefærrod, hakket

250 ml / 8 fl oz / 1 kop risvin eller tør sherry

30 ml / 2 spsk sojasovs

knivspids salt

Blancher anden i kogende vand i 5 minutter og afdryp. Kom i en varmefast skål med de resterende ingredienser. Placer skålen i en gryde fyldt med vand, indtil den kommer to tredjedele af vejen op ad skålens sider. Bring det i kog, læg låg på og kog ved svag varme i cirka 2 timer, indtil anden er mør. Kassér purløg og ingefær inden servering.

salt and

til 4 personer

45 ml / 3 spsk jordnøddeolie (peanuts)

4 andebryst

3 forårsløg (spidskål), skåret i skiver

2 knuste fed hvidløg

1 skive ingefærrod, hakket

250 ml / 8 fl oz / 1 kop sojasovs

30 ml / 2 spsk risvin eller tør sherry

30 ml / 2 spsk brun farin

5 ml / 1 tsk salt

450 ml / ¾ pt / 2 kopper vand

15 ml / 1 spsk majsmel (majsstivelse)

Varm olien op og steg andebrystene til de er gyldne. Tilsæt purløg, hvidløg og ingefær og steg i 2 minutter. Tilsæt sojasovsen, vin eller sherry, sukker og salt og bland godt. Tilsæt vand, bring det i kog, læg låg på og lad det simre i cirka 1 1/2 time, indtil kødet er meget mørt. Bland majsmel med lidt vand, rør det derefter i gryden og kog ved svag varme under omrøring, indtil saucen tykner.

Saltet and med grønne bønner

til 4 personer

45 ml / 3 spsk jordnøddeolie (peanuts)
4 andebryst
3 forårsløg (spidskål), skåret i skiver
2 knuste fed hvidløg
1 skive ingefærrod, hakket
250 ml / 8 fl oz / 1 kop sojasovs
30 ml / 2 spsk risvin eller tør sherry
30 ml / 2 spsk brun farin
5 ml / 1 tsk salt
450 ml / ¾ pt / 2 kopper vand
225 g / 8 oz grønne bønner
15 ml / 1 spsk majsmel (majsstivelse)

Varm olien op og steg andebrystene til de er gyldne. Tilsæt purløg, hvidløg og ingefær og steg i 2 minutter. Tilsæt sojasovsen, vin eller sherry, sukker og salt og bland godt. Tilsæt vandet, bring det i kog, læg låg på og lad det simre i cirka 45 minutter. Tilsæt bønnerne, læg låg på, og lad dem simre i yderligere 20 minutter. Bland majsmel med lidt vand, rør det derefter i gryden og kog ved svag varme under omrøring, indtil saucen tykner.

langsomt kogt and

til 4 personer

1 and

50 g / 2 oz / ½ kop majsmel (majsstivelse)

fritureolie

2 knuste fed hvidløg

30 ml / 2 spsk risvin eller tør sherry

30 ml / 2 spsk sojasovs

5 ml / 1 tsk revet ingefærrod

750 ml / 1¼ pts / 3 kopper hønsebouillon

4 tørrede kinesiske svampe

225 g / 8 oz bambusskud, skåret i skiver

225 g / 8 oz vandkastanjer, skåret i skiver

10 ml / 2 teskefulde sukker

knivspids peber

5 forårsløg (spidskål), skåret i skiver

Skær anden i små stykker. Reserver 30 ml / 2 spsk majsmel og beklæd anden med det resterende majsmel. Støv overskydende pulver af. Varm olien op og steg hvidløg og and til de er let gyldne. Tag af panden og afdryp på køkkenpapir. Læg anden i en stor stegepande. Bland vinen eller sherryen, 15 ml / 1 spsk sojasovs og ingefær. Tilsæt til gryden og kog ved høj varme i 2 minutter. Tilsæt halvdelen af bouillonen, bring det i kog, læg låg på og lad det simre i cirka 1 time, indtil anden er mør.

Blød i mellemtiden svampe i varmt vand i 30 minutter, og dræn derefter. Kassér stilkene og skær toppen af. Tilsæt svampe, bambusskud og vandkastanjer til anden og kog under jævnlig omrøring i 5 minutter. Skum fedtet fra væsken. Blend den resterende bouillon, majsmel og sojasovs med sukker og peber og rør i gryden. Bring det i kog, under omrøring, og lad det derefter simre i cirka 5 minutter, indtil saucen tykner. Overfør til en varm serveringsskål og server pyntet med purløg.

Sauteret and

til 4 personer

1 æggehvide, let pisket
20 ml / 1½ spsk majsmel (majsstivelse)
salt
450 g / 1 lb andebryst, skåret i tynde skiver
45 ml / 3 spsk jordnøddeolie (peanuts)
2 forårsløg (spidskål), skåret i strimler
1 grøn peberfrugt skåret i strimler
5 ml / 1 tsk risvin eller tør sherry
75 ml / 5 spsk hønsebouillon
2,5 ml / ½ tsk sukker

Pisk æggehviden med 15 ml / 1 spsk majsmel og en knivspids salt. Tilsæt skåret and og bland indtil anden er belagt. Varm olien op og steg anden gennemstegt og gylden. Fjern anden fra panden og dræn alt undtagen 30 ml / 2 spsk olie. Tilsæt forårsløg og peberfrugt og steg i 3 minutter. Tilsæt vin eller sherry, bouillon og sukker og bring det i kog. Bland det resterende majsmel med lidt vand, rør det i saucen og lad det simre under omrøring, indtil saucen tykner. Tilsæt and, varm op og server.

and med søde kartofler

til 4 personer

1 and

250 ml / 8 fl oz / 1 kop jordnøddeolie (peanuts)

8 oz / 225 g søde kartofler, skrællet og skåret i tern

2 knuste fed hvidløg

1 skive ingefærrod, hakket

2,5 ml / ½ tsk kanel

2,5 ml / ½ tsk stødt nelliker

knivspids formalet anis

5 ml / 1 tsk sukker

15 ml / 1 spsk sojasovs

250 ml / 8 fl oz / 1 kop kyllingebouillon

15 ml / 1 spsk majsmel (majsstivelse)

30 ml / 2 spsk vand

Skær anden i 5 cm / 2 stykker Varm olien op og steg kartoflerne gyldenbrune. Fjern dem fra gryden og dræn alle undtagen 30 ml / 2 spsk olie. Tilsæt hvidløg og ingefær og steg i 30 sekunder. Tilsæt anden og steg den let gylden på alle sider. Tilsæt krydderier, sukker, sojasovs og bouillon og bring det i kog. Tilsæt kartoflerne, læg låg på og lad det simre i cirka

20 minutter, indtil anden er mør. Bland majsmelet til en pasta med vandet, rør det derefter i gryden og lad det simre under omrøring, indtil saucen tykner.

sød og sur and

til 4 personer

1 and

1,2 l / 2 pts / 5 kopper hønsebouillon

2 løg

2 gulerødder

2 fed hvidløg, skåret i skiver

15 ml / 1 spsk syltede krydderier

10 ml / 2 teskefulde salt

10 ml / 2 tsk jordnøddeolie

6 forårsløg (spidskål), hakket

1 mango, skrællet og skåret i tern

12 litchi, skåret i to

15 ml / 1 spsk majsmel (majsstivelse)

15 ml / 1 spsk vineddike

10 ml / 2 tsk tomatpuré (pasta)

15 ml / 1 spsk sojasovs

5 ml / 1 tsk five spice pulver

300 ml / ½ pt / 1¼ kopper hønsebouillon

Læg anden i en dampkoger over en gryde med bouillon, løg, gulerod, hvidløg, pickle og salt. Dæk til og damp i 2 1/2 time.

Afkøl anden, læg låg på og lad den køle af i 6 timer. Fjern kødet fra benene og skær det i tern. Varm olien op og steg and og purløg til de er sprøde. Tilsæt resten af ingredienserne, bring det i kog og lad det simre i 2 minutter under omrøring, indtil saucen tykner.

mandarin and

til 4 personer

1 and

60 ml / 4 spsk jordnøddeolie

1 stykke tørret mandarinskal

900 ml / 1½ pts / 3¾ kopper hønsebouillon

5 ml / 1 tsk salt

Hæng anden til tørre i 2 timer. Varm halvdelen af olien op og steg anden let gylden. Overfør til en stor varmefast skål. Varm den resterende olie op og steg mandarinskrællen i 2 minutter og læg den derefter inde i anden. Hæld bouillonen over anden og smag til med salt. Stil skålen på en rist i en dampkoger, dæk til og damp i cirka 2 timer, indtil anden er mør.

And med grøntsager

til 4 personer

1 stor and, skåret i 16 stykker

salt

300 ml / ½ pt / 1¼ kopper vand

300 ml / ½ pt / 1¼ kopper tør hvidvin

120 ml / 4 fl oz / ½ kop vineddike

45 ml / 3 spsk sojasovs

30 ml / 2 spsk blommesauce

30 ml / 2 spsk hoisinsauce

5 ml / 1 tsk five spice pulver

6 forårsløg (spidskål), hakket

2 hakkede gulerødder

5 cm / 2 hakkede hvid radise

50 g / 2 oz bok choy i tern

friskkværnet peber

5 ml / 1 tsk sukker

Kom andestykkerne i en skål, drys med salt og tilsæt vand og vin. Tilsæt vineddike, sojasauce, blommesauce, hoisinsauce og pulver med fem krydderier, bring det i kog, læg låg på og lad det simre i cirka 1 time. Kom grøntsagerne i gryden, tag låget af og lad det simre i 10 minutter mere. Smag til med salt, peber og sukker og lad afkøle. Dæk til og stil på køl natten over. Skær fedtet af, og opvarm derefter anden i saucen i 20 minutter.

Sauteret and med grøntsager

til 4 personer

4 tørrede kinesiske svampe

1 and

10 ml / 2 tsk majsmel (majsstivelse)

15 ml / 1 spsk sojasovs

45 ml / 3 spsk jordnøddeolie (peanuts)

100 g / 4 oz bambusskud, skåret i strimler

50 g / 2 oz vandkastanjer, skåret i strimler

120 ml / 4 fl oz / ½ kop kyllingebouillon

15 ml / 1 spsk risvin eller tør sherry

5 ml / 1 tsk salt

Udblød svampene i lunkent vand i 30 minutter, og dræn derefter. Kassér stilkene og skær toppene i tern. Fjern kødet fra benene og skær det i stykker. Bland majsmel og sojasovs, tilsæt andekødet og lad det hvile i 1 time. Varm olien op og steg anden let gylden på alle sider. Fjern fra panden. Tilsæt svampe, bambusskud og vandkastanjer til gryden og kog i 3 minutter. Tilsæt bouillon, vin eller sherry og salt, bring det i kog og lad det simre i 3 minutter. Kom anden tilbage i gryden, læg låg på og lad den simre i yderligere 10 minutter, indtil anden er mør.

Hvid kogt and

til 4 personer

1 skive ingefærrod, hakket

250 ml / 8 fl oz / 1 kop risvin eller tør sherry

salt og friskkværnet peber

1 and

3 spidskål (spidskål), hakket

5 ml / 1 tsk salt

100 g / 4 oz bambusskud, skåret i skiver

100 g / 4 oz røget skinke, skåret i skiver

Bland ingefær, 15 ml / 1 spsk vin eller sherry, lidt salt og peber. Gnid over anden og lad sidde i 1 time. Læg fuglen i en tykbundet stegepande med marinaden og tilsæt spidskål og salt. Tilsæt nok koldt vand til lige at dække anden, bring det i kog, læg låg på og lad det simre i cirka 2 timer, indtil anden er mør. Tilsæt bambusskud og skinke og lad det simre i yderligere 10 minutter.

and med vin

til 4 personer

1 and

15 ml / 1 spsk gul bønnesauce

1 hakket løg

1 flaske tør hvidvin

Gnid anden indvendig og udvendig med den gule bønnesauce. Læg løget inde i hulrummet. Bring vinen i kog i en stor gryde, tilsæt anden, bring det i kog, læg låg på og lad den simre i cirka 3 timer, indtil anden er mør. Dræn og skær i skiver til servering.

Dampede æg med fisk

til 4 personer

8 oz / 225 g tungefileter, skåret i strimler

30 ml / 2 spsk majsmel (majsstivelse)

½ lille grøn peberfrugt, finthakket

1 forårsløg (spidskål), finthakket

30 ml / 2 spsk jordnøddeolie

120 ml / 4 fl oz / ½ kop kyllingebouillon

3 æg, let pisket

knivspids salt

Støv let fiskestrimlerne i majsmel, og ryst derefter det overskydende af. Læg dem i et lavt ildfast fad. Drys med peber, forårsløg og olie. Varm hønsebouillonen op, rør den sammen med æggene og smag til med salt, og hæld derefter blandingen over fisken. Stil fadet på en rist i en dampkoger, læg låg på og damp i cirka 40 minutter over kogende vand, indtil fisken er kogt og æggene er sat.

Dampede æg med skinke og fisk

Til 4 til 6 portioner

6 æg, adskilt

225 g / 8 oz hakket torsk (kværnet)

375 ml / 13 fl oz / 1½ kopper varmt vand

knivspids salt

50 g / 2 oz røget skinke, hakket

15 ml / 1 spsk jordnøddeolie

flade bladpersillekviste

Bland æggehviden med fisken, halvdelen af vandet og lidt salt og hæld blandingen i et lavt ildfast fad. Bland æggeblommerne med det resterende vand, skinken og lidt salt og hæld det ovenpå æggehvideblandingen. Stil fadet på en rist i en dampkoger, dæk til og damp over kogende vand i cirka 20 minutter, indtil æggene er stivnet. Varm olien op til et dampende punkt, hæld den over æggene og server pyntet med persille.

Dampede æg med svinekød

til 4 personer

45 ml / 3 spsk jordnøddeolie (peanuts)

225 g / 8 oz magert svinekød, hakket (kværnet)

100 g / 4 oz vandkastanjer, hakket (kværnet)

1 forårsløg (spidskål), hakket

30 ml / 2 spsk sojasovs

5 ml / 1 tsk salt

120 ml / 4 fl oz / ½ kop kyllingebouillon

4 æg, let pisket

Varm olien op og steg svinekød, vandkastanjer og purløg, til de har fået let farve. Tilsæt sojasovsen og salt, og hæld overskydende olie fra og hæld i et lavt fad. Varm bouillonen op, bland med æggene og hæld over kødblandingen. Stil fadet på en rist i en dampkoger, dæk til og damp over kogende vand i cirka 30 minutter, indtil æggene er stivnet.

stegte flæskeæg

til 4 personer

100 g / 4 oz hakket svinekød (malet)
2 spidskål (spidskål) hakket
15 ml / 1 spsk majsmel (majsstivelse)
15 ml / 1 spsk risvin eller tør sherry
15 ml / 1 spsk sojasovs
2,5 ml / ½ tsk salt
4 hårdkogte (kogte) æg
fritureolie
½ hoved salat, strimlet

Kombiner svinekød, spidskål, majsstivelse, vin eller sherry, sojasovs og salt. Form rundt om æggene, så de dækker dem helt. Varm olien op og steg æggene til lagen er gyldenbrun og gennemstegt. Fjern og afdryp godt og server derefter på en salatbund.

Spejlæg med sojasovs

til 4 personer

45 ml / 3 spsk jordnøddeolie (peanuts)

4 æg

15 ml / 1 spsk sojasovs

¼ hakket salat

Varm olien op til den er meget varm og bræk æggene i gryden. Kog indtil bunden er let brunet, drys generøst med sojasovs, og vend uden at bryde blommen. Steg i 1 minut mere. Anret salaten på en tallerken og læg æggene ovenpå til servering.

halvmåneæg

til 4 personer

45 ml / 3 spsk jordnøddeolie (peanuts)

4 æg

salt og friskkværnet peber

15 ml / 1 spsk sojasovs

15 ml / 1 spsk hakket frisk fladbladet persille

Varm olien op til den er meget varm og bræk æggene i gryden. Kog indtil bunden er let brunet, og drys derefter med salt, peber og sojasovs. Fold ægget på midten og tryk forsigtigt for at holde det sammen. Kog i 2 minutter mere, indtil de er gyldenbrune på begge sider, og server derefter drysset med persille.

Stegte æg med grøntsager

til 4 personer

4 tørrede kinesiske svampe

30 ml / 2 spsk jordnøddeolie

2,5 ml / ½ tsk salt

3 spidskål (spidskål), hakket

50 g / 2 oz bambusskud, skåret i skiver

50 g / 2 oz vandkastanjer, skåret i skiver

90 ml / 6 spsk hønsebouillon

10 ml / 2 tsk majsmel (majsstivelse)

15 ml / 1 spsk vand

5 ml / 1 tsk sukker

fritureolie

4 æg

¼ hakket salat

Udblød svampene i lunkent vand i 30 minutter, og dræn derefter. Kassér stilkene og skær toppen af. Varm olie og salt op og steg forårsløgene i 30 sekunder. Tilsæt bambusskud og vandkastanjer og steg i 2 minutter. Tilsæt bouillon, bring det i kog, læg låg på og lad det simre i 2 minutter. Blend majsmel og vand til du får en pasta og rør det i gryden med sukkeret.

Kog ved svag varme under omrøring, indtil saucen tykner. Varm imens olien op og steg æggene i et par minutter, indtil kanterne begynder at blive brune. Anret salaten på en tallerken, top med æg og hæld den varme sauce over.

kinesisk omelet

til 4 personer

4 æg

salt og friskkværnet peber

30 ml / 2 spsk jordnøddeolie

Pisk æggene let og smag til med salt og peber. Varm olien op og hæld derefter æggene i gryden og vip gryden, så ægget dækker overfladen. Løft kanterne af tortillaen, efterhånden som æggene sætter sig, så det rå æg kan løbe nedenunder. Kog til det er færdigt, fold derefter på midten og server det hele på én gang.

Kinesisk omelet med bønnespirer

til 4 personer

100 g / 4 oz bønnespirer

4 æg

salt og friskkværnet peber

30 ml / 2 spsk jordnøddeolie

½ lille grøn peberfrugt, hakket

2 spidskål (spidskål), hakket

Blancher bønnespirerne i kogende vand i 2 minutter og dræn godt af. Pisk æggene let og smag til med salt og peber. Varm olien op og steg peber og purløg i 1 minut. Tilsæt bønnespirerne og rør, indtil de netop er dækket af olie. Hæld æggene i gryden og vip gryden, så ægget dækker overfladen. Løft kanterne af tortillaen, efterhånden som æggene sætter sig, så det rå æg kan løbe nedenunder. Kog til det er færdigt, fold derefter på midten og server det hele på én gang.

Blomkål omelet

til 4 personer

1 blomkål, skåret i buketter
225 g / 8 oz kyllingekød, hakket (kværnet)
5 ml / 1 tsk salt
3 æggehvider, let pisket
2,5 ml / ½ tsk sellerisalt
45 ml / 3 spsk hønsebouillon
45 ml / 3 spsk jordnøddeolie (peanuts)

Blancher blomkålsbuketter i kogende vand i 10 minutter, og dræn derefter godt. Bland kylling, salt, æggehvider, sellerisalt og bouillon. Pisk med en elektrisk mixer, indtil blandingen danner bløde toppe. Varm olien op, tilsæt kyllingeblandingen og steg i cirka 2 minutter. Tilsæt blomkålen og steg yderligere 2 minutter før servering.

Krabbeomelet med brun sauce

til 4 personer

15 ml / 1 spsk jordnøddeolie

4 sammenpisket æg

2,5 ml / ½ tsk salt

200 g / 7 oz krabbekød, i flager

175 ml / 6 fl oz / ¾ kop kyllingebouillon

15 ml / 1 spsk sojasovs

10 ml / 2 tsk majsmel (majsstivelse)

45 ml / 3 spsk kogte ærter

Varm olien op. Pisk æg og salt og tilsæt krabbekødet. Hæld i gryden og kog, løft kanterne af tortillaen, efterhånden som æggene sætter sig, så det rå æg kan løbe nedenunder. Kog til færdig, fold derefter på midten og overfør til en varm serveringsplade. Opvarm imens bouillonen med sojasovsen og majsstivelsen under omrøring, indtil blandingen koger og tykner. Lad det simre i 2 minutter, og tilsæt derefter ærterne. Hæld tortillaen over lige inden servering.

Skinke- og vandkastanjeomelet

2 portioner

30 ml / 2 spsk jordnøddeolie
1 hakket løg
1 knust fed hvidløg
50 g / 2 oz hakket skinke
50 g / 2 oz vandkastanjer, hakket
15 ml / 1 spsk sojasovs
50 g / 2 oz cheddarost
3 sammenpisket æg

Varm halvdelen af olien op og steg løg, hvidløg, skinke, vandkastanjer og sojasovs til de er let gyldne. Tag dem op af gryden. Varm den resterende olie op, tilsæt æggene og træk ægget ud mod midten, når det begynder at sætte sig, så det rå æg kan løbe nedenunder. Når ægget er stivnet, hældes skinkeblandingen på den ene halvdel af tortillaen, toppes med osten og foldes over den anden halvdel af tortillaen. Dæk til og kog i 2 minutter, vend derefter og kog i yderligere 2 minutter, indtil de er gyldne.

Omelet med hummer

til 4 personer

4 æg

salt og friskkværnet peber

30 ml / 2 spsk jordnøddeolie

3 spidskål (spidskål), hakket

100 g / 4 oz hummerkød, hakket

Pisk æggene let og smag til med salt og peber. Varm olien op og steg forårsløgene i 1 minut. Tilsæt hummeren og rør, indtil den er dækket af olie. Hæld æggene i gryden og vip gryden, så ægget dækker overfladen. Løft kanterne af tortillaen, efterhånden som æggene sætter sig, så det rå æg kan løbe nedenunder. Kog til det er færdigt, fold derefter på midten og server det hele på én gang.

østersomelet

til 4 personer

4 æg

120 ml / 4 fl oz / ½ kop mælk

12 afskallede østers

3 spidskål (spidskål), hakket

salt og friskkværnet peber

30 ml / 2 spsk jordnøddeolie

50 g/2 oz magert svinekød, revet

50 g / 2 oz svampe, skåret i skiver

50 g / 2 oz bambusskud, skåret i skiver

Pisk æggene let sammen med mælk, østers, purløg, salt og peber. Varm olien op og steg svinekødet let gyldent. Tilsæt champignon og bambusskud og steg i 2 minutter. Hæld æggeblandingen i gryden og kog, løft kanterne af tortillaen, efterhånden som æggene sætter sig, så det rå æg kan løbe nedenunder. Kog til den er færdig, fold den derefter på midten, vend tortillaen om, og kog den til den er let brunet på den anden side. Server med det samme.

Rejeomelet

til 4 personer

4 æg

15 ml / 1 spsk risvin eller tør sherry

salt og friskkværnet peber

30 ml / 2 spsk jordnøddeolie

1 skive ingefærrod, hakket

225 g / 8 oz pillede rejer

Pisk æggene let sammen med vinen eller sherryen og smag til med salt og peber. Varm olien op og steg ingefæren let gylden. Tilsæt rejerne og rør til de er dækket af olie. Hæld æggene i gryden og vip gryden, så ægget dækker overfladen. Løft kanterne af tortillaen, efterhånden som æggene sætter sig, så det rå æg kan løbe nedenunder. Kog til det er færdigt, fold derefter på midten og server det hele på én gang.

Omelet med kammuslinger

til 4 personer

4 æg

5 ml / 1 tsk sojasovs

salt og friskkværnet peber

30 ml / 2 spsk jordnøddeolie

3 spidskål (spidskål), hakket

225 g / 8 oz kammuslinger, skåret i halve

Pisk æggene let sammen med soyasovsen og smag til med salt og peber. Varm olien op og steg forårsløgene let gyldne. Tilsæt kammuslingerne og steg i 3 minutter. Hæld æggene i gryden og vip gryden, så ægget dækker overfladen. Løft kanterne af tortillaen, efterhånden som æggene sætter sig, så det rå æg kan løbe nedenunder. Kog til det er færdigt, fold derefter på midten og server det hele på én gang.

Omelet med tofu

til 4 personer

4 æg

salt og friskkværnet peber

30 ml / 2 spsk jordnøddeolie

225 g / 8 oz tofu, knust

Pisk æggene let og smag til med salt og peber. Varm olien op, tilsæt derefter tofuen og sauter indtil rygende varm. Hæld æggene i gryden og vip gryden, så ægget dækker overfladen. Løft kanterne af tortillaen, efterhånden som æggene sætter sig, så det rå æg kan løbe nedenunder. Kog til det er færdigt, fold derefter på midten og server det hele på én gang.

Fyldt svinetortilla

til 4 personer

50 g / 2 oz bønnespirer
60 ml / 4 spsk jordnøddeolie
225 g / 8 oz magert svinekød, i tern
3 spidskål (spidskål), hakket
1 stilk selleri hakket
15 ml / 1 spsk sojasovs
5 ml / 1 tsk sukker
4 æg, let pisket
salt

Blancher bønnespirerne i kogende vand i 3 minutter, og dræn derefter godt af. Varm halvdelen af olien op og steg svinekødet let gyldent. Tilsæt purløg og selleri og steg i 1 minut. Tilsæt sojasauce og sukker og steg i 2 minutter. Fjern fra panden. Smag de sammenpiskede æg til med salt. Varm den resterende olie op, og hæld æggene i gryden, og vip gryden, så ægget dækker overfladen. Løft kanterne af tortillaen, efterhånden som æggene sætter sig, så det rå æg kan løbe nedenunder. Læg fyldet i den ene halvdel af tortillaen og fold den på midten. Kog til det er færdigt og server det hele på én gang.

Omelet fyldt med rejer

til 4 personer

30 ml / 2 spsk jordnøddeolie

2 stængler selleri hakket

2 spidskål (spidskål), hakket

225 g / 8 oz pillede rejer, skåret i halve

4 æg, let pisket

salt

Varm halvdelen af olien op og steg selleri og løg til de er let gyldne. Tilsæt rejerne og steg til de er meget varme. Fjern fra panden. Smag de sammenpiskede æg til med salt. Varm den resterende olie op, og hæld æggene i gryden, og vip gryden, så ægget dækker overfladen. Løft kanterne af tortillaen, efterhånden som æggene sætter sig, så det rå æg kan løbe nedenunder. Læg fyldet i den ene halvdel af tortillaen og fold den på midten. Kog til det er færdigt og server det hele på én gang.

Dampede tortillaruller med kyllingefyld

til 4 personer

4 æg, let pisket

salt

15 ml / 1 spsk jordnøddeolie

100 g / 4 oz kogt kylling, hakket

2 skiver ingefærrod, hakket

1 hakket løg

120 ml / 4 fl oz / ½ kop kyllingebouillon

15 ml / 1 spsk risvin eller tør sherry

Pisk æggene og smag til med salt. Varm lidt olie op og hæld en fjerdedel af æggene i, og vip for at fordele blandingen over panden. Steg til den er let brunet på den ene side og lad den hvile, og vend derefter på hovedet på en tallerken. Kog de resterende 4 tortillas. Bland kylling, ingefær og løg. Hæld blandingen jævnt mellem tortillaerne, rul dem sammen, fastgør med cocktailpinde og læg rullerne i et lavt ovnfast fad. Læg på en rist i en dampkoger, dæk til og damp i 15 minutter. Overfør til en varm serveringsplade og skær i tykke skiver. Varm imens bouillon og sherry op og smag til med salt. Hæld tortillaerne over og server.

østers pandekager

Til 4 til 6 portioner

12 østers

4 æg, let pisket

3 forårsløg (spidskål), skåret i skiver

salt og friskkværnet peber

6 ml / 4 spsk almindeligt mel (alle formål)

2,5 ml / ½ tsk bagepulver

45 ml / 3 spsk jordnøddeolie (peanuts)

Skyl østersene, behold 60 ml / 4 spsk spiritus, og hak dem groft. Bland æggene med østers, purløg, salt og peber. Bland mel og bagepulver, bland indtil du får en pasta med østerslikøren, og bland derefter blandingen med æggene. Varm lidt olie op og steg spiseskefulde af dejen til små pandekager. Kog indtil let brunet på hver side, og tilsæt derefter lidt mere olie på panden og fortsæt, indtil hele blandingen er brugt.

rejepandekager

til 4 personer

50 g / 4 oz pillede rejer, hakket

4 æg, let pisket

75 g / 3 oz / ½ dynger kop almindeligt mel (alle formål)

salt og friskkværnet peber

120 ml / 4 fl oz / ½ kop kyllingebouillon

2 spidskål (spidskål), hakket

30 ml / 2 spsk jordnøddeolie

Bland alle ingredienserne undtagen olien. Varm lidt olie op, hæld en fjerdedel af dejen i, vip panden for at fordele den over bunden. Kog indtil let brunet i bunden, og vend derefter og brun den anden side. Tag af panden og fortsæt med at tilberede de resterende pandekager.

Kinesisk røræg

til 4 personer

4 sammenpisket æg

2 spidskål (spidskål), hakket

knivspids salt

5 ml / 1 tsk sojasovs (valgfrit)

30 ml / 2 spsk jordnøddeolie

Pisk æggene med purløg, salt og sojasovs, hvis du bruger det. Varm olien op og hæld derefter æggeblandingen i. Rør forsigtigt med en gaffel, indtil æggene er stivnet. Server med det samme.

Røræg med fisk

til 4 personer

225 g / 8 oz fiskefilet
30 ml / 2 spsk jordnøddeolie
1 skive ingefærrod, hakket
2 spidskål (spidskål), hakket
4 æg, let pisket
salt og friskkværnet peber

Læg fisken i en ovnfast beholder og læg den på en rist i en dampkoger. Dæk til og damp i cirka 20 minutter, fjern derefter skindet og smuldr frugtkødet. Varm olien op og steg ingefær og forårsløg til de er let brune. Tilsæt fisken og rør til den er dækket af olie. Smag æggene til med salt og peber, hæld dem derefter i gryden og rør forsigtigt med en gaffel, indtil æggene er stivnet. Server med det samme.

Røræg med svampe

til 4 personer

30 ml / 2 spsk jordnøddeolie

4 sammenpisket æg

3 spidskål (spidskål), hakket

knivspids salt

5 ml / 1 tsk sojasovs

100 g / 4 oz svampe, groft hakkede

Varm halvdelen af olien op og steg champignonerne i et par minutter, indtil de er rygende varme, og tag dem derefter af panden. Pisk æggene med forårsløg, salt og sojasovs. Varm den resterende olie op og hæld derefter æggeblandingen i. Rør forsigtigt med en gaffel, indtil æggene begynder at stivne, og kom derefter svampene tilbage i gryden og kog indtil æggene er stivnet. Server med det samme.

Røræg med østerssauce

til 4 personer

4 sammenpisket æg
3 spidskål (spidskål), hakket
salt og friskkværnet peber
5 ml / 1 tsk sojasovs
30 ml / 2 spsk jordnøddeolie
15 ml / 1 spsk østerssauce
100 g / 4 oz kogt skinke, smuldret
2 kviste fladbladpersille

Pisk æggene med purløg, salt, peber og sojasovs. Tilsæt halvdelen af olien. Varm den resterende olie op og hæld derefter æggeblandingen i. Rør forsigtigt med en gaffel indtil æggene begynder at stivne, tilsæt derefter østerssaucen og kog indtil æggene er stivnet. Server pyntet med skinke og persille.

Røræg med svinekød

til 4 personer

225 g / 8 oz magert svinekød, skåret i skiver
30 ml / 2 spsk sojasovs
30 ml / 2 spsk jordnøddeolie
2 spidskål (spidskål), hakket
4 sammenpisket æg
knivspids salt
5 ml / 1 tsk sojasovs

Bland svinekød og sojasovs, så svinekødet er godt dækket. Varm olien op og steg svinekødet let gyldent. Tilsæt purløg og steg i 1 minut. Pisk æggene med forårsløg, salt og sojasovs, og hæld derefter æggeblandingen i gryden. Rør forsigtigt med en gaffel, indtil æggene er stivnet. Server med det samme.

Røræg med svinekød og rejer

til 4 personer

100 g / 4 oz hakket svinekød (malet)

225 g / 8 oz pillede rejer

2 spidskål (spidskål), hakket

1 skive ingefærrod, hakket

5 ml / 1 tsk majsmel (majsstivelse)

15 ml / 1 spsk risvin eller tør sherry

15 ml / 1 spsk sojasovs

salt og friskkværnet peber

45 ml / 3 spsk jordnøddeolie (peanuts)

4 æg, let pisket

Bland svinekød, rejer, forårsløg, ingefær, majsstivelse, vin eller sherry, sojasovs, salt og peber. Varm olien op og steg svinekødsblandingen, indtil den er let brunet. Hæld æggene i og rør forsigtigt med en gaffel, indtil æggene netop er stivnet. Server med det samme.

Røræg med spinat

til 4 personer

45 ml / 3 spsk jordnøddeolie (peanuts)

225 g / 8 oz spinat

4 sammenpisket æg

2 spidskål (spidskål), hakket

knivspids salt

Varm halvdelen af olien op og steg spinaten i et par minutter, indtil den bliver lysegrøn, men ikke visner. Tag det af panden og hak det fint. Pisk æggene med purløg, salt og sojasovs, hvis du bruger det. Tilsæt spinaten. Varm olien op og hæld derefter æggeblandingen i. Rør forsigtigt med en gaffel, indtil æggene er stivnet. Server med det samme.

Røræg med purløg

til 4 personer

4 sammenpisket æg
8 forårsløg (spidskål), hakket
salt og friskkværnet peber
5 ml / 1 tsk sojasovs
30 ml / 2 spsk jordnøddeolie

Pisk æggene med purløg, salt, peber og sojasovs. Varm olien op og hæld derefter æggeblandingen i. Rør forsigtigt med en gaffel, indtil æggene er stivnet. Server med det samme.

Røræg med tomat

til 4 personer

4 sammenpisket æg

2 spidskål (spidskål), hakket

knivspids salt

30 ml / 2 spsk jordnøddeolie

3 tomater, flået og hakket

Pisk æggene med forårsløg og salt. Varm olien op og hæld derefter æggeblandingen i. Rør forsigtigt, indtil æggene begynder at stivne, bland derefter tomaterne i, og fortsæt med at koge under omrøring, indtil de er stivnet. Server med det samme.

Røræg med grøntsager

til 4 personer

30 ml / 2 spsk jordnøddeolie
5 ml / 1 tsk sesamolie
1 grøn peberfrugt skåret i tern
1 hakket fed hvidløg
4 oz / 100 g sneærter, skåret i halve
4 sammenpisket æg
2 spidskål (spidskål), hakket
knivspids salt
5 ml / 1 tsk sojasovs

Varm halvdelen af jordnøddeolien op med sesamolien og steg peber og hvidløg let gyldne. Tilsæt sneærterne og steg i 1 minut. Pisk æggene med forårsløg, salt og sojasovs, og hæld derefter blandingen i gryden. Rør forsigtigt med en gaffel, indtil æggene er stivnet. Server med det samme.

kylling soufflé

til 4 personer

100 g / 4 oz hakket kyllingebryst

(etage)

45 ml / 3 spsk hønsebouillon

2,5 ml / ½ tsk salt

4 æggehvider

75 ml / 5 spsk jordnøddeolie (peanuts)

Bland kylling, bouillon og salt godt sammen. Pisk æggehviderne stive og tilsæt dem til blandingen. Varm olien op, indtil den ryger, tilsæt blandingen og rør godt rundt, reducer derefter varmen og fortsæt med at lave mad, mens du rører forsigtigt, indtil blandingen er fast.

krabbesoufflé

til 4 personer

4 oz / 100 g krabbekød, i flager

salt

15 ml / 1 spsk majsmel (majsstivelse)

120 ml / 4 fl oz / ½ kop mælk

4 æggehvider

75 ml / 5 spsk jordnøddeolie (peanuts)

Bland krabbekød, salt, majsstivelse og bland godt. Pisk æggehviderne stive, og vend dem derefter ind i blandingen. Varm olien op, indtil den ryger, tilsæt blandingen og rør godt rundt, reducer derefter varmen og fortsæt med at lave mad, mens du rører forsigtigt, indtil blandingen er fast.

Krabbe og ingefær soufflé

til 4 personer

75 ml / 5 spsk jordnøddeolie (peanuts)

2 skiver ingefærrod, hakket

1 forårsløg (spidskål), hakket

4 oz / 100 g krabbekød, i flager

salt

15 ml / 1 spsk risvin eller tør sherry

120 ml / 4 ft oz / k kop mælk

60 ml / 4 spsk hønsebouillon

15 ml / 2 spsk majsmel (majsstivelse)

4 æggehvider

5 ml / 1 tsk sesamolie

Varm halvdelen af olien op og steg ingefær og løg til det er blødt. Tilsæt krabbekød og salt, tag det af varmen og lad det køle lidt af. Bland vin eller sherry, mælk, bouillon og majsmel, og bland det derefter i krabbekødblandingen. Pisk æggehviderne stive, og vend dem derefter ind i blandingen. Opvarm den resterende olie, indtil den ryger, tilsæt blandingen og rør godt rundt, reducer derefter varmen og fortsæt med at lave mad, mens du rører forsigtigt, indtil blandingen er fast.

fiskesoufflé

til 4 personer

3 æg, adskilt
5 ml / 1 tsk sojasovs
5 ml / 1 tsk sukker
salt og friskkværnet peber
450 g / 1 pund fiskefileter
45 ml / 3 spsk jordnøddeolie (peanuts)

Bland æggeblommerne med sojasovsen, sukker, salt og peber. Skær fisken i store stykker. Dyp fisken i blandingen, indtil den er godt dækket. Varm olien op og steg fisken let brunet i bunden. Pisk imens æggehviderne stive. Vend fisken og læg æggehviden oven på fisken. Kog i 2 minutter, indtil bunden er let brunet, vend derefter igen og kog i yderligere 1 minut, indtil æggehviden er fast og gylden. Server med tomatsauce.

reje soufflé

til 4 personer

225 g / 8 oz pillede rejer, hakket

1 skive ingefærrod, hakket

15 ml / 1 spsk risvin eller tør sherry

15 ml / 1 spsk sojasovs

salt og friskkværnet peber

4 æggehvider

45 ml / 3 spsk jordnøddeolie (peanuts)

Bland rejer, ingefær, vin eller sherry, sojasovs, salt og peber. Pisk æggehviderne stive, og vend dem derefter ind i blandingen. Varm olien op, indtil den ryger, tilsæt blandingen og rør godt rundt, reducer derefter varmen og fortsæt med at lave mad, mens du rører forsigtigt, indtil blandingen er fast.

Rejesoufflé med bønnespirer

til 4 personer

100 g / 4 oz bønnespirer

100 g / 4 oz pillede rejer, groft hakkede

2 spidskål (spidskål), hakket

5 ml / 1 tsk majsmel (majsstivelse)

15 ml / 1 spsk risvin eller tør sherry

120 ml / 4 fl oz / ½ kop kyllingebouillon

salt

4 æggehvider

45 ml / 3 spsk jordnøddeolie (peanuts)

Blancher bønnespirerne i kogende vand i 2 minutter, dræn derefter og hold dem varme. Rør imens rejer, løg, majsstivelse, vin eller sherry og bouillon sammen og smag til med salt. Pisk æggehviderne stive, og vend dem derefter ind i blandingen. Varm olien op, indtil den ryger, tilsæt blandingen og rør godt rundt, reducer derefter varmen og fortsæt med at lave mad, mens du rører forsigtigt, indtil blandingen er fast. Læg den på en varm tallerken og top med bønnespirerne.

grøntsags soufflé

til 4 personer

5 æg, adskilt

3 revne kartofler

1 lille løg finthakket

15 ml / 1 spsk hakket frisk persille

5 ml / 1 tsk sojasovs

salt og friskkværnet peber

Pisk æggehviderne stive. Pisk æggeblommerne, indtil de er blege og tykke, og tilsæt derefter kartofler, løg, persille og sojasovs og bland det godt.

Kom æggehviderne i. Hæld i et smurt souffléfad og bag i en forvarmet ovn ved 180°C/350°F/gasmærke 4 i ca. 40 minutter.

Æg Foo Yung

til 4 personer

4 æg, let pisket

salt

100 g / 4 oz kogt kylling, hakket

1 hakket løg

2 stængler selleri hakket

50 g / 2 oz champignon, hakket

30 ml / 2 spsk jordnøddeolie

æg foo yung sauce

Bland æg, salt, kylling, løg, selleri og svampe. Varm lidt olie op og hæld en fjerdedel af blandingen i gryden. Steg til bunden er let brunet, og vend derefter og brun den anden side. Server med æg foo yung sauce.

Stegte æg Foo Yung

til 4 personer

4 æg, let pisket

5 ml / 1 tsk salt

100 g / 4 oz røget skinke, hakket

100 g hakkede svampe

15 ml / 1 spsk sojasovs

fritureolie

Bland æggene med salt, skinke, svampe og sojasovs. Varm olien op og kom forsigtigt spiseskefulde af blandingen i olien. Kog til de kommer til overfladen, vend dem til de er gyldenbrune på begge sider. Fjern fra olien og afdryp, mens du tilbereder de resterende pandekager.

Foo Yung krabbe med svampe

til 4 personer

6 sammenpisket æg
45 ml / 3 spsk majsmel (majsstivelse)
100 g / 4 oz krabbekød
100 g / 4 oz champignon i tern
100 g / 4 oz frosne ærter
2 spidskål (spidskål), hakket
5 ml / 1 tsk salt
45 ml / 3 spsk jordnøddeolie (peanuts)

Pisk æggene og tilsæt derefter majsmel. Tilsæt alle de resterende ingredienser undtagen olien. Varm lidt olie op og hæld blandingen i gryden lidt ad gangen for at lave små pandekager ca 7,5 cm brede. Steg til bunden er let brunet, og vend derefter og brun den anden side. Fortsæt indtil du har brugt hele blandingen.

Skinkeæg Foo Yung

til 4 personer

60 ml / 4 spsk jordnøddeolie

50 g / 2 oz bambusskud, skåret i tern

50 g / 2 oz vandkastanjer i tern

2 spidskål (spidskål), hakket

2 selleristængler, skåret i tern

50 g / 2 oz røget skinke, i tern

15 ml / 1 spsk sojasovs

2,5 ml / ½ tsk sukker

2,5 ml / ½ tsk salt

4 æg, let pisket

Varm halvdelen af olien op og steg bambusskud, vandkastanjer, forårsløg og selleri i cirka 2 minutter. Tilsæt skinke, sojasovs, sukker og salt, tag det af panden og lad det køle lidt af. Tilsæt blandingen til de sammenpiskede æg. Varm lidt af den resterende olie op og hæld blandingen i gryden lidt ad gangen for at lave små pandekager ca 7,5 cm brede. Steg til bunden er let brunet, og vend derefter og brun den anden side. Fortsæt indtil du har brugt hele blandingen.

Flæskesteg Foo Yung

til 4 personer

4 tørrede kinesiske svampe

60 ml / 3 spsk jordnøddeolie

100 g / 4 oz flæskesteg, revet

100 g / 4 oz bok choy, strimlet

50 g / 2 oz bambusskud, skåret i skiver

50 g / 2 oz vandkastanjer, skåret i skiver

4 æg, let pisket

salt og friskkværnet peber

Udblød svampene i lunkent vand i 30 minutter, og dræn derefter. Kassér stilkene og skær toppen af. Varm 30 ml / 2 spsk olie og steg svampe, svinekød, kål, bambusskud og vandkastanjer i 3 minutter. Tag dem af panden og lad dem køle lidt af, bland dem derefter med æggene og smag til med salt og peber. Varm lidt af den resterende olie op og hæld blandingen i gryden lidt ad gangen for at lave små pandekager ca 7,5 cm brede. Steg til bunden er let brunet, og vend derefter og brun den anden side. Fortsæt indtil du har brugt hele blandingen.

Svineæg og rejer Foo Yung

til 4 personer

45 ml / 3 spsk jordnøddeolie (peanuts)

100 g / 4 oz magert svinekød, skåret i skiver

1 hakket løg

8 oz / 225 g rejer, pillede, skåret i skiver

50 g / 2 oz bok choy, strimlet

4 æg, let pisket

salt og friskkværnet peber

Varm 30 ml / 2 spsk olie og steg svinekød og løg, indtil de er let gyldne. Tilsæt rejerne og steg, indtil de er dækket af olie, tilsæt derefter kålen, rør godt rundt, læg låg på og lad det simre i 3 minutter. Tag af panden og lad køle lidt af. Tilsæt kødblandingen til æggene og smag til med salt og peber. Varm lidt af den resterende olie op og hæld blandingen i gryden lidt ad gangen for at lave små pandekager ca 7,5 cm brede. Steg til bunden er let brunet, og vend derefter og brun den anden side. Fortsæt indtil du har brugt hele blandingen.

hvide ris

til 4 personer

225 g / 8 oz / 1 kop langkornet ris
15 ml / 1 spsk olie
750 ml / 1 ¼ m / 3 kopper vand

Vask risene og kom dem derefter i en gryde. Tilsæt vandet til olien og tilsæt det derefter til gryden, så det er cirka 2,5 cm over risene. Bring i kog, dæk med et tæt låg, reducer varmen og lad det simre i 20 minutter.

Kogte brune ris

til 4 personer

225 g / 8 oz / 1 kop langkornet brune ris
5 ml / 1 tsk salt
900 ml / 1 ½ pts / 3 ¾ kopper vand

Vask risene og kom dem derefter i en gryde. Tilsæt salt og vand, så det er cirka 3 cm over risene. Bring i kog, dæk med et tæt låg, reducer varmen, og lad det simre i 30 minutter, og sørg for, at det ikke koger tørt.

ris med oksekød

til 4 personer

225 g / 8 oz / 1 kop langkornet ris
100 g / 4 oz hakket oksekød (hakket)
1 skive ingefærrod, hakket
15 ml / 1 spsk sojasovs
15 ml / 1 spsk risvin eller tør sherry
5 ml / 1 tsk jordnøddeolie
2,5 ml / ½ tsk sukker
2,5 ml / ½ tsk salt

Kom risene i en stor gryde og bring dem i kog. Dæk til og lad det simre i cirka 10 minutter, indtil det meste af væsken er absorberet. Bland resten af ingredienserne, læg oven på risene, dæk til og kog 20 minutter mere ved svag varme, indtil de er kogte. Rør ingredienserne inden servering.

Ris med kyllingelever

til 4 personer

225 g / 8 oz / 1 kop langkornet ris
375 ml / 13 fl oz / 1½ dl hønsebouillon
salt
2 kogte kyllingelevere, skåret i tynde skiver

Kom ris og bouillon i en stor gryde og bring det i kog. Læg låg på og lad det simre i cirka 10 minutter, indtil risene er næsten møre. Tag låget af og lad det simre, indtil det meste af bouillonen er absorberet. Smag til med salt, tilsæt kyllingeleverne og varm forsigtigt op inden servering.

Ris med kylling og svampe

til 4 personer

225 g / 8 oz / 1 kop langkornet ris

100 g / 4 oz kyllingekød, strimlet

100 g / 4 oz champignon i tern

5 ml / 1 tsk majsmel (majsstivelse)

5 ml / 1 tsk sojasovs

5 ml / 1 tsk risvin eller tør sherry

knivspids salt

15 ml / 1 spsk hakkede forårsløg (spidskål)

15 ml / 1 spsk østerssauce

Kom risene i en stor gryde og bring dem i kog. Dæk til og lad det simre i cirka 10 minutter, indtil det meste af væsken er absorberet. Bland alle de resterende ingredienser undtagen spidskål og østerssauce, læg oven på risene, læg låg på og kog yderligere 20 minutter ved svag varme, indtil de er kogte. Bland ingredienserne sammen og drys med forårsløg og østerssauce inden servering.

Kokos ris

til 4 personer

225 g / 8 oz / 1 kop ris med thailandsk smag

1 l / 1¾ pts / 4¼ kopper kokosmælk

150 ml / ¼ pt / generøs ½ kop kokoscreme

1 kvist hakket koriander

knivspids salt

Bring alle ingredienserne i kog i en gryde, læg låg på, og lad risene svulme ved svag varme i cirka 25 minutter, mens der røres af og til.

Ris med krabbekød

til 4 personer

225 g / 8 oz / 1 kop langkornet ris

4 oz / 100 g krabbekød, i flager

2 skiver ingefærrod, hakket

15 ml / 1 spsk sojasovs

15 ml / 1 spsk risvin eller tør sherry

5 ml / 1 tsk jordnøddeolie

5 ml / 1 tsk majsmel (majsstivelse)

salt og friskkværnet peber

Kom risene i en stor gryde og bring dem i kog. Dæk til og lad det simre i cirka 10 minutter, indtil det meste af væsken er absorberet. Bland resten af ingredienserne, læg oven på risene, dæk til og kog 20 minutter mere ved svag varme, indtil de er kogte. Rør ingredienserne inden servering.

Ris med ærter

til 4 personer

225 g / 8 oz / 1 kop langkornet ris

350 g / 12 oz ærter

30 ml / 2 spsk sojasovs

Kom ris og bouillon i en stor gryde og bring det i kog. Tilsæt ærterne, læg låg på og lad det simre i cirka 20 minutter, indtil risene er næsten møre. Tag låget af og lad det simre, indtil det meste af væsken er absorberet. Dæk til og lad stå af varmen i 5 minutter, og server derefter drysset med sojasovs.

Ris med peber

til 4 personer

225 g / 8 oz / 1 kop langkornet ris
2 spidskål (spidskål), hakket
1 rød peberfrugt skåret i tern
45 ml / 3 spsk sojasovs
30 ml / 2 spsk jordnøddeolie
5 ml / 1 tsk sukker

Kom risene i en gryde, dæk med koldt vand, bring det i kog, læg låg på og lad det simre i cirka 20 minutter, indtil de er møre. Dræn godt, og tilsæt derefter spidskål, peber, sojasovs, olie og sukker. Overfør til en varm serveringsskål og server med det samme.

Ris med pocheret æg

til 4 personer

225 g / 8 oz / 1 kop langkornet ris

4 æg

15 ml / 1 spsk østerssauce

Læg risene i en stegepande, dæk med koldt vand, bring det i kog, læg låg på og lad det simre i ca. 10 minutter, indtil de er møre. Afdryp og læg på en varm serveringsplade. Bring imens en gryde med vand i kog, knæk forsigtigt æggene og kog i et par minutter, indtil hviderne er sat, men æggene stadig er fugtige. Tag af panden med en hulske og læg oven på risene. Server drysset med østerssauce.

Singapore stil ris

til 4 personer

225 g / 8 oz / 1 kop langkornet ris

5 ml / 1 tsk salt

1,2 l / 2 pts / 5 kopper vand

Vask risene og kom dem derefter i en gryde med salt og vand. Bring det i kog, reducer derefter varmen og lad det simre i cirka 15 minutter, indtil risene er møre. Dræn i et dørslag og skyl med varmt vand inden servering.

Slow Boat Rice

til 4 personer

225 g / 8 oz / 1 kop langkornet ris

5 ml / 1 tsk salt

15 ml / 1 spsk olie

750 ml / 1¼ m / 3 kopper vand

Vask risene og læg dem i et ildfast fad med salt, olie og vand. Dæk til og bag i en forvarmet ovn ved 120°C/250°F/½ gasmærke i ca. 1 time, indtil alt vandet er absorberet.

Dampede bagte ris

til 4 personer

225 g / 8 oz / 1 kop langkornet ris

5 ml / 1 tsk salt

450 ml / ¾ pt / 2 kopper vand

Læg ris, salt og vand i en ildfast fad, dæk til og bag dem i en forvarmet ovn ved 180°C / 350°F / gasmærke 4 i ca. 30 minutter.

Stegte ris

til 4 personer

225 g / 8 oz / 1 kop langkornet ris

750 ml / 1¼ m / 3 kopper vand

30 ml / 2 spsk jordnøddeolie

1 sammenpisket æg

2 knuste fed hvidløg

knivspids salt

1 finthakket løg

3 spidskål (spidskål), hakket

2,5 ml / ½ tsk sort melasse

Kom risene og vandet i en gryde, bring det i kog, læg låg på og lad det simre i cirka 20 minutter, indtil risene er kogte. Dræn godt af. Varm 5 ml / 1 tsk olie op og hæld ægget i. Kog til bunden, vend derefter og fortsæt med at lave mad, indtil den er stivnet. Tag af panden og skær i strimler. Tilsæt den resterende olie på panden med hvidløg og salt og steg indtil hvidløget er gyldenbrunt. Tilsæt løg og ris og steg i 2 minutter. Tilsæt purløg og steg i 2 minutter. Rør blackstrap melasse i, indtil risene er dækket, tilsæt derefter æggestrimlerne og server.

Stegte ris med mandler

til 4 personer

250 ml / 8 fl oz / 1 kop jordnøddeolie (peanuts)

50 g / 2 oz / ½ kop mandler i flager

4 sammenpisket æg

450 g / 1 lb / 3 kopper kogte langkornede ris

5 ml / 1 tsk salt

3 skiver kogt skinke, skåret i strimler

2 skalotteløg, finthakket

15 ml / 1 spsk sojasovs

Varm olien op og steg mandlerne til de er gyldne. Tag af panden og afdryp på køkkenpapir. Hæld det meste af olien fra gryden, sæt derefter varmen op igen og hæld æggene i under konstant omrøring. Tilsæt ris og salt og kog i 5 minutter, løft og rør hurtigt, så riskornene er belagt med ægget. Tilsæt skinke, skalotteløg og sojasovs og kog i yderligere 2 minutter. Rør de fleste mandler i og server pyntet med de resterende mandler.

Stegte ris med bacon og æg

til 4 personer

45 ml / 3 spsk jordnøddeolie (peanuts)
225 g / 8 oz bacon, hakket
1 finthakket løg
3 sammenpisket æg
225 g / 8 oz kogte langkornede ris

Varm olien op og steg bacon og løg til de er let gyldne. Tilsæt æggene og steg til de er næsten gennemstegte. Tilsæt ris og sauter indtil risene er gennemvarme.

Stegte ris med kød

til 4 personer

8 oz / 225 g magert oksekød, skåret i strimler

15 ml / 1 spsk majsmel (majsstivelse)

15 ml / 1 spsk sojasovs

15 ml / 1 spsk risvin eller tør sherry

5 ml / 1 tsk sukker

75 ml / 5 spsk jordnøddeolie (peanuts)

1 hakket løg

450 g / 1 lb / 3 kopper kogte langkornede ris

45 ml / 3 spsk hønsebouillon

Bland kødet med majsstivelse, sojasovs, vin eller sherry og sukker. Varm halvdelen af olien op og steg løget til det er gennemsigtigt. Tilsæt kødet og steg i 2 minutter. Fjern fra panden. Varm den resterende olie op, tilsæt risene og steg i 2 minutter. Tilsæt bouillon og varm op. Tilsæt halvdelen af kød- og løgblandingen og rør, indtil den er varm, overfør derefter til en varm serveringsplade og top med det resterende kød og løg.

Stegte ris med hakket kød

til 4 personer

30 ml / 2 spsk jordnøddeolie

1 knust fed hvidløg

knivspids salt

30 ml / 2 spsk sojasovs

30 ml / 2 spsk hoisinsauce

450 g / 1 pund hakket kød (malet)

1 løg skåret i tern

1 gulerod skåret i tern

1 porre skåret i tern

450 g / 1 pund kogte langkornede ris

Varm olien op og steg hvidløg og salt let gyldent. Tilsæt soja- og hoisinsauce og rør, indtil de er gennemvarme. Tilsæt kød og steg, indtil det er brunet og smuldret. Tilsæt grøntsagerne og steg til de er møre under jævnlig omrøring. Tilsæt risene og steg under konstant omrøring, indtil de er gennemvarme og dækket af saucerne.

Stegte ris med kød og løg

til 4 personer

1 pund / 450 g magert oksekød, skåret i tynde skiver

45 ml / 3 spsk sojasovs

15 ml / 1 spsk risvin eller tør sherry

salt og friskkværnet peber

15 ml / 1 spsk majsmel (majsstivelse)

45 ml / 3 spsk jordnøddeolie (peanuts)

1 hakket løg

225 g / 8 oz kogte langkornede ris

Mariner kød i sojasovs, vin eller sherry, salt, peber og majsmel i 15 minutter. Varm olien op og steg løget let gyldent. Tilsæt kød og marinade og steg i 3 minutter. Tilsæt risene og steg til de er varme.

kylling stegte ris

til 4 personer

225 g / 8 oz / 1 kop langkornet ris

750 ml / 1 ¼ m / 3 kopper vand

30 ml / 2 spsk jordnøddeolie

2 knuste fed hvidløg

knivspids salt

1 finthakket løg

3 spidskål (spidskål), hakket

100 g / 4 oz kogt kylling, strimlet

15 ml / 1 spsk sojasovs

Kom risene og vandet i en gryde, bring det i kog, læg låg på og lad det simre i cirka 20 minutter, indtil risene er kogte. Dræn godt af. Varm olien op og steg hvidløg og salt, indtil hvidløget bliver let gyldent. Tilsæt løget og steg i 1 minut. Tilsæt risene og steg i 2 minutter. Tilsæt purløg og kylling og steg i 2 minutter. Tilsæt sojasaucen for at dække risene.

Andestegte ris

til 4 personer

4 tørrede kinesiske svampe

45 ml / 3 spsk jordnøddeolie (peanuts)

2 spidskål (spidskål), skåret i skiver

225 g / 8 oz bok choy, strimlet

100 g / 4 oz kogt and, strimlet

45 ml / 3 spsk sojasovs

15 ml / 1 spsk risvin eller tør sherry

350 g / 12 oz kogte langkornede ris

45 ml / 3 spsk hønsebouillon

Udblød svampene i lunkent vand i 30 minutter, og dræn derefter. Kassér stilkene og hak toppen. Varm halvdelen af olien op og steg forårsløgene til de er gennemsigtige. Tilsæt kinakålen og steg i 1 minut. Tilsæt and, sojasovs og vin eller sherry og kog i 3 minutter. Fjern fra panden. Varm den resterende olie op og steg risene, indtil de er dækket af olie. Tilsæt bouillon, bring det i kog og steg i 2 minutter. Kom andeblandingen tilbage i gryden og rør, indtil den er gennemvarmet inden servering.

skinkestegte ris

til 4 personer

30 ml / 2 spsk jordnøddeolie

1 sammenpisket æg

1 knust fed hvidløg

350 g / 12 oz kogte langkornede ris

1 finthakket løg

1 hakket grøn peber

100 g / 4 oz hakket skinke

50 g / 2 oz vandkastanjer, skåret i skiver

50 g / 2 oz bambusskud, hakket

15 ml / 1 spsk sojasovs

15 ml / 1 spsk risvin eller tør sherry

15 ml / 1 spsk østerssauce

Varm lidt olie i en stegepande og tilsæt ægget, vip panden, så den breder sig ud over panden. Kog til bunden er let brunet, vend derefter og steg på den anden side. Tag af panden og hak og steg hvidløget til det er let gyldent. Tilsæt ris, løg og peber og steg i 3 minutter. Tilsæt skinke, vandkastanjer og bambusskud og steg i 5 minutter. Tilsæt de resterende ingredienser og svits i cirka 4 minutter. Server drysset med æggestrimlerne.

Ris med røget skinke med bouillon

til 4 personer

30 ml / 2 spsk jordnøddeolie

3 sammenpisket æg

350 g / 12 oz kogte langkornede ris

600 ml / 1 pt / 2½ kopper hønsebouillon

100 g / 4 oz røget skinke, smuldret

100 g / 4 oz bambusskud, skåret i skiver

Varm olien op og hæld derefter æggene i. Når de begynder at krølle, tilsættes risene og steges i 2 minutter. Tilsæt bouillon og skinke og bring det i kog. Lad det simre i 2 minutter, tilsæt derefter bambusskuddene og server.

svin stegt ris

til 4 personer

45 ml / 3 spsk jordnøddeolie (peanuts)

3 spidskål (spidskål), hakket

100 g / 4 oz flæskesteg, i tern

350 g / 12 oz kogte langkornede ris

30 ml / 2 spsk sojasovs

2,5 ml / ½ tsk salt

2 sammenpisket æg

Varm olien op og steg purløg til de er gennemsigtige. Tilsæt svinekød og rør, indtil det er dækket af olie. Tilsæt ris, sojasovs og salt og steg i 3 minutter. Tilsæt æggene og vend i, indtil de begynder at stivne.

Svinekød og rejer stegt ris

til 4 personer

45 ml / 3 spsk jordnøddeolie (peanuts)

2,5 ml / ½ tsk salt

2 spidskål (spidskål), hakket

350 g / 12 oz kogte langkornede ris

100 g / 4 oz flæskesteg

225 g / 8 oz pillede rejer

50 g / 2 oz kinesiske blade, revet

45 ml / 3 spsk sojasovs

Varm olien op og steg salt og purløg til det er let gyldent. Tilsæt risene og steg for at bryde kornene op. Tilsæt svinekødet og steg i 2 minutter. Tilsæt rejer, kinesiske blade og sojasovs og steg til det er varmt.

stegte ris med rejer

til 4 personer

225 g / 8 oz / 1 kop langkornet ris

750 ml / 1¼ m / 3 kopper vand

30 ml / 2 spsk jordnøddeolie

2 knuste fed hvidløg

knivspids salt

1 finthakket løg

225 g / 8 oz pillede rejer

5 ml / 1 tsk sojasovs

Kom risene og vandet i en gryde, bring det i kog, læg låg på og lad det simre i cirka 20 minutter, indtil risene er kogte. Dræn godt af. Varm olien op med hvidløg og salt og steg til hvidløget bliver let gyldent. Tilsæt ris og løg og steg i 2 minutter. Tilsæt rejerne og steg i 2 minutter. Tilsæt sojasauce inden servering.

Stegte ris og ærter

til 4 personer

30 ml / 2 spsk jordnøddeolie

2 knuste fed hvidløg

5 ml / 1 tsk salt

350 g / 12 oz kogte langkornede ris

8 oz / 225 g blancherede eller frosne ærter, optøet

4 forårsløg (spidskål), finthakket

30 ml / 2 spsk finthakket frisk persille

Varm olien op og steg hvidløg og salt let gyldent. Tilsæt risene og steg i 2 minutter. Tilsæt ærter, løg og persille og svits i et par minutter, indtil de er gennemvarme. Serveres varm eller kold.

Stegte ris med laks

til 4 personer

30 ml / 2 spsk jordnøddeolie
2 hakkede fed hvidløg
2 spidskål (spidskål), skåret i skiver
50 g/2 oz hakket laks
75 g / 3 oz hakket spinat
150 g / 5 oz kogte langkornede ris

Varm olien op og steg hvidløg og purløg i 30 sekunder. Tilsæt laksen og steg i 1 minut. Tilsæt spinaten og steg i 1 minut. Tilsæt ris og sauter indtil rygende varmt og godt blandet.

Speciel stegt ris

til 4 personer

60 ml / 4 spsk jordnøddeolie

1 finthakket løg

100 g bacon, hakket

50 g / 2 oz hakket skinke

50 g / 2 oz kogt kylling, strimlet

50 g / 2 oz pillede rejer

60 ml / 4 spsk sojasovs

30 ml / 2 spsk risvin eller tør sherry

salt og friskkværnet peber

15 ml / 1 spsk majsmel (majsstivelse)

225 g / 8 oz kogte langkornede ris

2 sammenpisket æg

100 g / 4 oz svampe, skåret i skiver

50 g / 2 oz frosne ærter

Varm olien op og steg løg og bacon let gyldent. Tilsæt skinke og kylling og steg i 2 minutter. Tilsæt rejer, sojasovs, vin eller sherry, salt, peber og majsstivelse og kog i 2 minutter. Tilsæt risene og steg i 2 minutter. Tilsæt æg, svampe og ærter og steg i 2 minutter, indtil de er varme.

Ti dyrebare ris

Serverer 6 til 8

45 ml / 3 spsk jordnøddeolie (peanuts)
1 forårsløg (spidskål), hakket
100 g/4 oz magert svinekød, revet
1 kyllingebryst, strimlet
100 g / 4 oz skinke, smuldret
30 ml / 2 spsk sojasovs
30 ml / 2 spsk risvin eller tør sherry
5 ml / 1 tsk salt
350 g / 12 oz kogte langkornede ris
250 ml / 8 fl oz / 1 kop kyllingebouillon
100 g / 4 oz bambusskud, skåret i strimler
50 g / 2 oz vandkastanjer, skåret i skiver

Varm olien op og steg forårsløget til det er gennemsigtigt. Tilsæt svinekødet og steg i 2 minutter. Tilsæt kylling og skinke og steg i 2 minutter. Tilsæt sojasovs, sherry og salt. Tilsæt ris og bouillon og bring det i kog. Tilsæt bambusskud og vandkastanjer, læg låg på og lad det simre i 30 minutter.

Ris med stegt tun

til 4 personer

30 ml / 2 spsk jordnøddeolie

2 snittede løg

1 hakket grøn peber

450 g / 1 lb / 3 kopper kogte langkornede ris

salt

3 sammenpisket æg

300 g / 12 oz tun på dåse, i flager

30 ml / 2 spsk sojasovs

2 skalotteløg, finthakket

Varm olien op og steg løgene til de er bløde. Tilsæt peberfrugten og steg i 1 minut. Skub til den ene side af gryden. Tilsæt risene, drys med salt og steg i 2 minutter, bland gradvist peber og løg. Lav et hul i midten af risene, hæld lidt mere olie i og hæld æggene i. Rør til det er næsten rørt og bland i risene. Kog i 3 minutter mere. Tilsæt tun og sojasovs og varm igennem. Server drysset med de hakkede skalotteløg.

kogte æg nudler

til 4 personer

10 ml / 2 teskefulde salt
450 g / 1 pund æggenudler
30 ml / 2 spsk jordnøddeolie

Bring en gryde med vand i kog, tilsæt salt og tilsæt nudlerne. Kog op igen og kog i cirka 10 minutter, indtil de er møre, men stadig faste. Dræn godt, skyl under koldt vand, afdryp og skyl derefter under varmt vand. Vend med olien inden servering.

dampede ægnudler

til 4 personer

10 ml / 2 teskefulde salt

450 g / 1 pund tynde æggenudler

Bring en gryde med vand i kog, tilsæt salt og tilsæt nudlerne. Rør godt rundt og afdryp derefter. Læg nudlerne i et dørslag, læg dem i en dampkoger og damp dem over kogende vand i ca. 20 minutter, indtil de er møre.

Ristede nudler

Serverer 8

10 ml / 2 teskefulde salt

450 g / 1 pund æggenudler

30 ml / 2 spsk jordnøddeolie

røre stege skål

Bring en gryde med vand i kog, tilsæt salt og tilsæt nudlerne. Kog op igen og kog i cirka 10 minutter, indtil de er møre, men stadig faste. Dræn godt, skyl under koldt vand, afdryp og skyl derefter under varmt vand. Vend med olien, og vend derefter forsigtigt i enhver røreblanding og opvarm forsigtigt for at blande smagene.

Stegte nudler

til 4 personer

225 g / 8 oz tynde ægnudler

salt

fritureolie

Kog nudlerne i kogende saltet vand efter pakkens anvisning. Dræn godt af. Læg flere lag køkkenpapir på en bageplade, fordel nudlerne og lad tørre i flere timer. Varm olien op og steg nudlerne spiseskefulde ad gangen i cirka 30 sekunder, indtil de er gyldne. Afdryp på køkkenrulle.

Stegte bløde nudler

til 4 personer

350 g / 12 oz ægnudler
75 ml / 5 spsk jordnøddeolie (peanuts)
salt

Bring en gryde med vand i kog, tilsæt nudlerne og kog til nudlerne er møre. Dræn og skyl under koldt vand, derefter varmt vand og dræn igen. Tilsæt 15 ml / 1 spsk olie og lad derefter køle af og afkøle i køleskabet. Opvarm den resterende olie, indtil den næsten ryger. Tilsæt nudlerne og rør forsigtigt, indtil de lige er dækket af olie. Reducer varmen og fortsæt med at røre i et par minutter, indtil nudlerne er gyldenbrune på ydersiden, men bløde indeni.

stuvede nudler

til 4 personer

450 g / 1 pund æggenudler

5 ml / 1 tsk salt

30 ml / 2 spsk jordnøddeolie

3 forårsløg (spidskål), skåret i strimler

1 knust fed hvidløg

2 skiver ingefærrod, hakket

100 g / 4 oz magert svinekød, skåret i strimler

100 g / 4 oz skinke, skåret i strimler

100 g / 4 oz pillede rejer

450 ml / ¬æ pt / 2 dl hønsebouillon

30 ml / 2 spsk sojasovs

Bring en gryde med vand i kog, tilsæt salt og tilsæt nudlerne. Bring det i kog og kog i cirka 5 minutter, dræn derefter af og skyl med koldt vand.

Varm imens olien op og steg forårsløg, hvidløg og ingefær let gyldne. Tilsæt svinekødet og steg, indtil det er lyst i farven. Tilsæt skinke og rejer, og tilsæt bouillon, sojasovs og nudler. Bring i kog, læg låg på og kog ved svag varme i 10 minutter.

kolde nudler

til 4 personer

450 g / 1 pund æggenudler

5 ml / 1 tsk salt

15 ml / 1 spsk jordnøddeolie

225 g / 8 oz bønnespirer

8 oz / 225 g stegt flæsk, revet

1 agurk skåret i strimler

12 radiser, skåret i strimler

Bring en gryde med vand i kog, tilsæt salt og tilsæt nudlerne. Kog op igen og kog i cirka 10 minutter, indtil de er møre, men stadig faste. Dræn godt af, skyl under koldt vand og dræn igen. Vend med olien og læg derefter på en tallerken. Arranger de øvrige ingredienser i små tallerkener omkring nudlerne. Gæsterne får serveret et udvalg af toppings i små skåle.

nudelkurve

til 4 personer

225 g / 8 oz tynde ægnudler

salt

fritureolie

Kog nudlerne i kogende saltet vand efter pakkens anvisning. Dræn godt af. Læg flere lag køkkenpapir på en bageplade, fordel nudlerne og lad tørre i flere timer. Pensl indersiden af en medium si med lidt olie. Fordel et jævnt lag nudler ca. 1 cm/¬Ω tykt i sigten. Pensl ydersiden af en mindre si med olie og tryk let ned i den større. Varm olien op, kom de to si i olien og steg i cirka 1 minut, indtil nudlerne er gyldne. Fjern forsigtigt siene, og kør eventuelt en kniv rundt om nudlernes kanter for at løsne dem.

nudel pandekage

til 4 personer

225 g / 8 oz ægnudler

5 ml / 1 tsk salt

75 ml / 5 spsk jordnøddeolie (peanuts)

Bring en gryde med vand i kog, tilsæt salt og tilsæt nudlerne. Kog op igen og kog i cirka 10 minutter, indtil de er møre, men stadig faste. Dræn godt, skyl under koldt vand, afdryp og skyl derefter under varmt vand. Bland med 15 ml / 1 spsk olie. Opvarm den resterende olie. Tilføj nudlerne til gryden for at lave en tyk pandekage. Steg til let gylden i bunden, vend derefter og steg indtil let gylden, men blød i midten.

Braiserede nudler

til 4 personer

4 tørrede kinesiske svampe

450 g / 1 pund æggenudler
30 ml / 2 spsk jordnøddeolie
5 ml / 1 tsk salt
3 spidskål (spidskål), hakket
100 g / 4 oz magert svinekød, skåret i strimler
100 g / 4 oz blomkålsbuketter
15 ml / 1 spsk majsmel (majsstivelse)
250 ml / 8 fl oz / 1 kop kyllingebouillon
15 ml / 1 spsk sesamolie

Udblød svampene i lunkent vand i 30 minutter, og dræn derefter. Kassér stilkene og skær toppen af. Bring en gryde med vand i kog, tilsæt nudlerne og kog i 5 minutter og afdryp. Varm olien op og steg salt og purløg i 30 sekunder. Tilsæt svinekødet og steg, indtil det er lyst i farven. Tilsæt blomkål og svampe og steg i 3 minutter. Bland majsmel og bouillon, rør i stegepanden, bring det i kog, læg låg på og lad det simre i 10 minutter, mens du rører af og til. Opvarm sesamolie i en separat stegepande, tilsæt nudler og rør forsigtigt over medium varme, indtil de er let brunede. Overfør til en varm serveringsplade, hæld svinekødsblandingen over og server.

Nudler med kød

til 4 personer

350 g / 12 oz ægnudler

45 ml / 3 spsk jordnøddeolie (peanuts)

450 g / 1 pund hakket kød (malet)

salt og friskkværnet peber

1 knust fed hvidløg

1 finthakket løg

250 ml / 8 fl oz / 1 kop oksebouillon

100 g / 4 oz svampe, skåret i skiver

2 stængler selleri hakket

1 hakket grøn peber

30 ml / 2 spsk majsmel (majsstivelse)

60 ml / 4 spiseskefulde vand

15 ml / 1 spsk sojasovs

Kog nudlerne i kogende vand i cirka 8 minutter, indtil de er møre, og dræn derefter. Varm imens olien op og steg kød, salt, peber, hvidløg og løg, til det er let brunet. Tilsæt bouillon, svampe, selleri og peber, bring i kog, læg låg på og lad det simre i 5 minutter. Bland majsmel, vand og sojasovs til en pasta, rør i gryden og lad det simre under omrøring, indtil saucen tykner. Anret nudlerne på en varm tallerken og hæld kødet og saucen over.

nudler med kylling

til 4 personer

350 g / 12 oz ægnudler

100 g / 4 oz bønnespirer

45 ml / 3 spsk jordnøddeolie (peanuts)

2,5 ml / ¬Ω tsk salt

2 hakkede fed hvidløg

2 spidskål (spidskål), hakket

100 g / 4 oz kogt kylling, skåret i tern

5 ml / 1 tsk sesamolie

Bring en gryde med vand i kog, tilsæt nudlerne og kog dem møre. Blancher bønnespirerne i kogende vand i 3 minutter, og dræn derefter. Varm olien op og steg salt, hvidløg og purløg til det er blødt. Tilsæt kylling og svits indtil gennemvarm. Tilsæt bønnespirerne og varm op. Dræn nudlerne godt, skyl med koldt vand og derefter med varmt vand. Bland sesamolien i og læg den på en varm tallerken. Top med kyllingeblandingen og server.

Nudler med krabbekød

til 4 personer

350 g / 12 oz ægnudler

45 ml / 3 spsk jordnøddeolie (peanuts)

3 spidskål (spidskål), hakket

2 skiver ingefærrod, skåret i strimler

350 g / 12 oz krabbekød, i flager

5 ml / 1 tsk salt

15 ml / 1 spsk risvin eller tør sherry

15 ml / 1 spsk majsmel (majsstivelse)

30 ml / 2 spsk vand

30 ml / 2 spsk vineddike

Bring en gryde med vand i kog, tilsæt nudlerne og kog i 10 minutter, indtil de er møre. Varm imens 30 ml / 2 spsk olie og steg forårsløg og ingefær let gyldne. Tilsæt krabbekød og salt, steg i 2 minutter. Tilsæt vin eller sherry og steg i 1 minut. Bland majsmel og vand til en pasta, rør det i gryden og kog ved svag varme under omrøring, indtil det er tyknet. Dræn nudlerne og skyl under koldt vand og derefter under varmt vand. Tilsæt den resterende olie og læg den på en varm tallerken. Top med krabbekødblandingen og server drysset med vineddike.

Nudler i karrysauce

til 4 personer

450 g / 1 pund æggenudler

5 ml / 1 tsk salt

30 ml / 2 spsk karrypulver

1 hakket løg

75 ml / 5 spsk hønsebouillon

100 g / 4 oz flæskesteg, revet

120 ml / 4 fl oz / ¬Ω kop tomatsauce (ketchup)

15 ml / 1 spsk hoisinsauce

salt og friskkværnet peber

Bring en gryde med vand i kog, tilsæt salt og tilsæt nudlerne. Kog op igen og kog i cirka 10 minutter, indtil de er møre, men stadig faste. Dræn godt, skyl under koldt vand, afdryp og skyl derefter under varmt vand. I mellemtiden koger du karrypulveret på en tør pande i 2 minutter, mens du ryster panden. Tilsæt løg og rør til det er godt dækket. Tilsæt bouillon og tilsæt derefter svinekødet og bring det i kog. Tilsæt tomatsauce, hoisinsauce, salt og peber og lad det simre under omrøring, indtil det er gennemvarmet. Anret nudlerne på et varmt serveringsfad, hæld saucen over og server.

Dan-Dan nudler

til 4 personer

100 g ægnudler

45 ml / 3 spsk sennep

60 ml / 4 spsk sesamsauce
60 ml / 4 spsk jordnøddeolie
20 ml / 4 teskefulde salt
4 spidskål (spidskål), hakket
60 ml / 4 spsk sojasovs
60 ml / 4 spiseskefulde jordnødder
60 ml / 4 spsk hønsebouillon

Kog nudlerne i kogende vand i cirka 10 minutter, indtil de er møre, og dræn derefter godt. Bland de resterende ingredienser, hæld over nudler og bland godt inden servering.

Nudler med æggesauce

til 4 personer

225 g / 8 oz ægnudler
750 ml / 1. st / 3 kopper hønsebouillon
45 ml / 3 spsk sojasovs
45 ml / 3 spsk risvin eller tør sherry
15 ml / 1 spsk jordnøddeolie

3 forårsløg (spidskål), skåret i strimler

3 sammenpisket æg

Bring en gryde med vand i kog, tilsæt nudlerne, bring det i kog, og lad det simre i 10 minutter, indtil de er møre. Dræn og læg i en skål til servering varm. Bring imens bouillonen med sojasovsen og vin eller sherry i kog. Varm olien op i en separat gryde og steg forårsløgene, indtil de er bløde. Tilsæt æggene, tilsæt derefter den varme bouillon og fortsæt med at røre ved middel varme, indtil blandingen koger. Hæld saucen over nudlerne og server.

Ingefær og purløg nudler

til 4 personer

900 ml / 1¬Ω pts / 4¬° kopper hønsebouillon

15 ml / 1 spsk jordnøddeolie

225 g / 8 oz ægnudler

2,5 ml / ¬Ω tsk sesamolie

4 forårsløg (spidskål), revet

2 skiver ingefærrod, revet

15 ml / 1 spsk østerssauce

Bring bouillonen i kog, tilsæt olien og nudlerne og lad det simre uden låg i cirka 15 minutter, indtil de er møre. Overfør nudlerne til en varm serveringsplade, og tilsæt sesamolie, spidskål og ingefær til wokken. Lad det simre uden låg i 5 minutter, indtil grøntsagerne er bløde og bouillonen reduceret. Hæld grøntsagerne over nudlerne med lidt bouillon. Drys med østerssauce og server med det samme.

Krydrede og sure nudler

til 4 personer

225 g / 8 oz ægnudler

15 ml / 1 spsk sojasovs

15 ml / 1 spsk chiliolie

15 ml / 1 spsk rødvinseddike

1 knust fed hvidløg

2 spidskål (spidskål), hakket

5 ml / 1 tsk friskkværnet peber

Kog nudlerne i kogende vand i cirka 10 minutter, indtil de er møre. Dræn godt af og kom over på en varm tallerken. Bland de resterende ingredienser, hæld over nudler og bland godt inden servering.

Nudler i kødsauce

til 4 personer

4 tørrede kinesiske svampe

30 ml / 2 spsk jordnøddeolie

8 oz / 225 g magert svinekød, skåret i skiver

100 g / 4 oz svampe, skåret i skiver

4 forårsløg (spidskål), skåret i skiver

15 ml / 1 spsk sojasovs

15 ml / 1 spsk risvin eller tør sherry

600 ml / 1 pt / 2 Ω kopper hønsebouillon

350 g / 12 oz ægnudler

30 ml / 2 spsk majsmel (majsstivelse)

2 æg, let pisket

salt og friskkværnet peber

Udblød svampene i lunkent vand i 30 minutter, og dræn derefter. Kassér stilkene og skær toppen af. Varm olien op og steg flæsket til det er lyst i farven. Tilsæt de tørrede og friske svampe og spidskål og svits i 2 minutter. Tilsæt sojasovs, vin eller sherry og bouillon, bring det i kog, læg låg på og lad det simre i 30 minutter.

Bring imens en gryde med vand i kog, tilsæt nudlerne og kog i cirka 10 minutter, indtil nudlerne er møre, men stadig faste. Dræn, skyl under koldt og derefter varmt vand, dræn derefter igen og læg på et varmt serveringsfad. Blend majsmel med lidt vand, rør det i gryden og kog ved svag varme under omrøring, indtil saucen tynder og tykner. Tilsæt gradvist æggene og smag til med salt og peber. Hæld saucen over nudlerne til servering.

Nudler med pocherede æg

til 4 personer

350 g / 12 oz risnudler

4 æg

30 ml / 2 spsk jordnøddeolie

1 hakket fed hvidløg

100 g / 4 oz kogt skinke, finthakket

45 ml / 3 spsk tomatpuré (pasta)

120 ml / 4 fl oz / ¬Ω kop vand

5 ml / 1 tsk sukker

5 ml / 1 tsk salt

soya sovs

Bring en gryde med vand i kog, tilsæt nudlerne og lad det simre i cirka 8 minutter, indtil de er kogte. Dræn og skyl med koldt vand. Anret i en redeform på en opvarmet tallerken. Imens pocherede vi æggene og placerede et i hver rede. Varm olien op og steg hvidløget i 30 sekunder. Tilsæt skinken og steg i 1 minut. Tilsæt alle de resterende ingredienser undtagen sojasaucen og sauter indtil rygende varm. Hæld æggene over, drys med sojasovs og server på én gang.

Nudler med svinekød og grøntsager

til 4 personer

350 g / 12 oz risnudler
75 ml / 5 spsk jordnøddeolie (peanuts)
225 g / 8 oz magert svinekød, revet
100 g / 4 oz bambusskud, knust
100 g / 4 oz bok choy, strimlet
450 ml / ¬œ pt / 2 dl hønsebouillon
10 ml / 2 tsk majsmel (majsstivelse)
45 ml / 3 spsk vand

Kog nudlerne i cirka 6 minutter, indtil de er kogte, men stadig faste, og dræn derefter. Varm 45 ml / 3 spsk olie og steg svinekødet i 2 minutter. Tilsæt bambusskud og kål og steg i 1 minut. Tilsæt bouillon, bring det i kog, læg låg på og lad det simre i 4 minutter. Bland majsmel og vand, rør i gryden, og lad det simre under omrøring, indtil saucen tykner. Varm den resterende olie op og steg nudlerne, indtil de er let gyldne. Overfør til en varm serveringsplade, top med svinekødsblandingen, og server.

Gennemsigtige nudler med hakket svinekød

til 4 personer

200 g / 7 oz klare nudler

fritureolie

75 ml / 5 spsk jordnøddeolie (peanuts)

225 g / 8 oz hakket svinekød (kværnet)

25 g / 1 oz chilipasta

2 spidskål (spidskål), hakket

1 hakket fed hvidløg

1 skive ingefærrod, hakket

5 ml / 1 tsk chilipulver

250 ml / 8 fl oz / 1 kop kyllingebouillon

30 ml / 2 spsk risvin eller tør sherry

30 ml / 2 spsk sojasovs

salt

Varm olien op til den koger og steg nudlerne til de udvider sig. Fjern og dræn. Opvarm de 75 ml / 5 spsk olie og steg svinekødet, indtil det er gyldent. Tilsæt bønnepasta, forårsløg, hvidløg, ingefær og chilipulver og steg i 2 minutter. Bland bouillon, vin eller sherry, sojasauce og nudler og lad det simre, indtil saucen tykner. Smag til med salt inden servering.

æggerulleskind

12 siden

225 g / 8 oz / 2 kopper almindeligt mel (alle formål)

1 sammenpisket æg

2,5 ml / ¬Ω tsk salt

120 ml / 4 fl oz / ¬Ω kop iskoldt vand

Bland alle ingredienserne og ælt til det er glat og elastisk. Dæk til med et fugtigt klæde og lad afkøle i 30 minutter. Rul ud på en meldrysset overflade, til papiret er tyndt, og skær derefter i firkanter.

Kogt ægrulleskind

12 siden

175 g / 6 oz / 1 Ω kopper almindeligt mel (alle formål)

2,5 ml / ¬Ω tsk salt

2 sammenpisket æg

375 ml / 13 fl oz / 1 Ω kopper vand

Bland mel og salt og bland derefter æggene i. Tilsæt gradvist vandet for at lave en jævn dej. Smør en lille bradepande let med olie, og hæld derefter 30 ml / 2 spsk dej i, og vip panden for at fordele den jævnt over overfladen. Når dejen krymper fra siderne af gryden, skal du fjerne den og dække den med et fugtigt klæde, mens du tilbereder de resterende skind.

kinesiske pandekager

til 4 personer

250 ml / 8 fl oz / 1 kop vand

225 g / 8 oz / 2 kopper almindeligt mel (alle formål)

jordnøddeolie til stegning

Bring vandet i kog, og tilsæt derefter gradvist melet. Ælt let til dejen er blød, dæk med et fugtigt klæde og lad det hvile i 15 minutter. Rul ud på en meldrysset overflade og form til en lang cylinder. Skær i 2,5 cm / 1 i skiver, flad derefter til ca. 5 mm / ¬° tyk og pensl toppen med olie. Stables parvis med olierede overflader, der berører hinanden, og drys let udenpå med mel. Rul parrene ud til cirka 10 cm/4in brede og steg parvis i cirka 1 minut på hver side, indtil de er let gyldne. Adskil og stab indtil servering.

wonton skind

omkring 40 år siden

450 g / 1 lb / 2 kopper almindeligt mel (alle formål)

5 ml / 1 tsk salt

1 sammenpisket æg

45 ml / 3 spsk vand

Sigt mel og salt og lav en brønd i midten. Bland ægget i, drys med vand og ælt blandingen til en jævn dej. Læg i en skål, dæk med et fugtigt klæde og lad det køle af i 1 time.

Rul dejen ud på en meldrysset overflade, til den er oblattynd og jævn. Skær dem i strimler på 7,5 cm, drys let med mel og stak dem, og skær dem derefter i firkanter. Dæk til med en fugtig klud, indtil den skal bruges.

Asparges med muslinger

til 4 personer

120 ml / 4 fl oz / ½ kop jordnøddeolie (peanuts)
1 rød chili, skåret i strimler
2 forårsløg (spidskål), skåret i strimler
2 skiver ingefærrod, revet
8 oz / 225 g asparges, skåret i stykker
30 ml / 2 spsk tyk sojasovs
2,5 ml / ½ tsk sesamolie
8 oz / 225 g muslinger, gennemblødt og skrubbet

Varm olien op og steg chili, purløg og ingefær i 30 sekunder. Tilsæt asparges og sojasovs, læg låg på og lad det simre, indtil aspargesene er næsten møre. Tilsæt sesamolie og muslinger, læg låg på og kog indtil muslingerne åbner sig. Kassér alle muslinger, der ikke har åbnet sig, og server med det samme.

Asparges med æggesauce

til 4 personer

450 g / 1 pund asparges

45 ml / 3 spsk jordnøddeolie (peanuts)

30 ml / 2 spsk risvin eller tør sherry

salt

250 ml / 8 fl oz / 1 kop kyllingebouillon

15 ml / 1 spsk majsmel (majsstivelse)

1 æg, let pisket

Trim aspargesene og skær dem i 5 cm / 2 stykker Varm olien op og steg aspargesene i cirka 4 minutter, indtil de er møre, men stadig sprøde. Drys med vin eller sherry og salt. Bring imens bouillon og majsmel i kog under omrøring og smag til med salt. Bland noget af den varme bouillon i ægget, bland derefter ægget i gryden og kog ved svag varme under omrøring, indtil saucen tykner. Anret aspargesene på en varm tallerken, hæld saucen over, og server med det samme.

www.ingramcontent.com/pod-product-compliance
Lightning Source LLC
Chambersburg PA
CBHW050345120526
44590CB00015B/1562